LA SOURCE DU BONHEUR

Albin Michel

Albin Michel
Spiritualités

*Collections dirigées par
Jean Mouttapa et Marc de Smedt*

Première édition :

LA SOURCE DU BONHEUR EST DANS NOTRE CERVEAU

© Éditions Albin Michel / Club du Livre Essentiel (C.L.E.S.), 1998
22, rue Huyghens, 75014 Paris

Édition au format de poche :

© Éditions Albin Michel S.A., 2000
22, rue Huyghens, 75014 Paris

www.albin-michel.fr

ISBN : 2-226-11593-5
ISSN : 1147-3762

Introduction

Sans que nous en ayons toujours conscience, la recherche du bonheur est au centre de toutes nos activités, de toutes nos préoccupations. La politique, l'économie, la médecine, l'école, la séduction, la guerre, le sport, la science, la famille, la religion, la philosophie ont comme point commun de viser le même but : le bonheur individuel et/ou collectif.

Toutes les conquêtes de l'humanité n'ont pas d'autre sens que de chercher à généraliser et à augmenter le bonheur de tous et de chacun. Nous faisons énormément d'efforts pour parvenir au bonheur, on peut même dire que tous nos efforts ne visent qu'à ce but suprême, et ce but, ce bonheur, nous ne savons pas clairement ce qu'il est.

Prenons par exemple ce que nous dit le dictionnaire. Bonheur : « Etat de complète satisfaction, de plénitude. » Voilà pour le sens premier défini par le *Petit Larousse illustré*, dans son édition de 1992. Et le deuxième sens est : « Chance, circonstance favorable, joie, plaisir. » En peu de mots est ainsi exprimée toute l'équivoque du concept de bonheur. Voici pêle-mêle évoqués sous la même appellation : le bonheur d'être mère, de rencontrer un copain d'enfance, de gagner au bridge ou au Loto, de construire et de dilapider une fortune, d'être en bonne santé, de faire l'amour et de manger du chocolat. Le bonheur est confondu avec le plaisir, avec les plaisirs. Et dans cette confusion multimillénaire, le bonheur apparaît alors comme un état de satisfaction intense, *dû à la chance*, à la bonne fortune, ce qui est effectivement l'origine étymologique du mot « bon-heur ».

Doit-on réellement confondre *plaisir* et *bonheur* ? Ces deux termes si souvent employés l'un pour l'autre sont-ils vraiment interchangeables ? Si plaisir est synonyme de bonheur, cela veut-il dire que souffrance est synonyme de malheur ? Le bonheur serait-il une des formes du plaisir et le malheur une des formes de la souffrance ?

Quand la santé va, tout va. Le bonheur dépend-il de la santé ? Mais alors, qu'est-ce que la santé ? Est-ce l'absence de maladie, l'absence de souffrance, ou bien ne serait-ce pas plutôt une sensation très subjective, une sensation de... bonheur, finalement assez distincte de l'intégrité physique ? Mais si c'était le cas, alors on se mordrait la queue ! La santé ferait le bonheur mais le bonheur, ce serait justement la santé... ?

L'argent ne fait pas le bonheur. Vrai ou faux ? Comment définir clairement les relations entre l'argent et le bonheur au-delà des boutades et des mots d'esprit ? Est-ce ou non l'argent qui permet la santé, qui donne la liberté, qui elle-même permet ou représente le bonheur ? Quelles sont les limites de ces aphorismes ?

Le bonheur, c'est quand on aime, et réciproquement. Mais quel amour ? Le grand, l'universel, l'incondition-

Introduction

nel, ou l'autre, ou d'autres... Le concept d'amour est tout aussi flou que celui de bonheur. Pourquoi l'amour, censé représenter le bonheur, est-il si souvent associé à la souffrance, comme dans le concept de passion ?

Pour Socrate, la clé de la sagesse tenait dans la formule du temple de Delphes : « Connais-toi toi-même. » La sagesse est-elle le secret du bonheur ? Ou bien n'est-elle pas plutôt une auto-limitation un peu triste, un peu masochiste de ses désirs ? Vingt-cinq siècles après Socrate, Freud prolonge la piste et fonde la psychanalyse sur une meilleure connaissance de soi par l'introspection de la personne. Le bonheur est-il donc affaire de chance ou de thérapeutique ? Réside-t-il dans l'abandon de l'ego ou au contraire dans la culture de soi ? Doit-il y avoir arbitrage ? Selon quels critères ?

Nous prenons ainsi conscience de la pauvreté et de l'incohérence de nos références culturelles, parmi lesquelles l'humanité tente de frayer son chemin vers le bonheur. Principale contradiction : l'humanité déploie de gigantesques moyens pour trouver le bonheur, mais fait bien peu d'efforts pour préciser cet objectif. Un peu comme dans certains débats où les propos sont vifs, âpres et longs alors qu'on ne sait pas clairement pourquoi on discute... Les outils dédiés à la quête du bonheur sont de plus en plus sophistiqués, intègrent les plus hautes technologies, mais le bonheur lui-même est livré au non-dit, aux impressions, aux croyances les plus irrationnelles. Pourquoi ce paradoxe ? Parce que le bonheur donne une fausse impression d'évidence. On a la conviction de savoir ce que c'est, mais d'avoir des difficultés à le définir, à en parler. Et derrière ce flou, il y a la peur de pénétrer dans un territoire ressenti comme interdit ou dangereux par des siècles ou des millénaires d'errance et d'erreurs. Le refus plus ou moins conscient de travailler la matière du bonheur correspond en fait à un évitement, un tabou.

En effet, et c'est là une autre contradiction de poids, ne serait-ce pas immoral ou dangereux de chercher la route du bonheur ? Ne serait-ce pas de l'égoïsme pur et simple ? La quête du Graal ne serait-elle pas l'empire des chimères ? Ne va-t-on pas se brûler les ailes à vouloir voler trop haut dans la félicité ? Nous voulons le bonheur, mais une peur un peu superstitieuse nous interdit de le rechercher de façon trop ostensible. La recherche du plaisir n'est pas si bien vue par la morale judéo-chrétienne, alors on hésite à chercher son bonheur. Ne doit-on pas attendre tranquillement qu'il vienne ? Mais comment saura-t-on qu'il est enfin arrivé puisqu'on ne l'a pas clairement défini ? Le bonheur est-il d'être en bonne santé, de gagner au Loto, d'être encore en vie après un tremblement de terre, ou bien de se marier et de faire des enfants ? Et même, ne devons-nous pas au contraire craindre le bonheur qui nous arriverait dans cette vie, puisque, dans notre culture, nous nous sentons redevables, voire coupables des bienfaits qui nous sont octroyés ? Quelle philosophie ou quelle religion suivre ? Dans cette grande confusion conceptuelle, les sectes prennent le pas sur les religions, la superstition laisse peu à peu la place à l'astrologie et à la magie, les philosophes et les scientifiques sont effacés par les sportifs et les top models.

Les recettes du bonheur que l'on trouve dans la littérature antique ou moderne, sérieuse ou de bazar, reposent généralement sur les inspirations littéraires des auteurs, qui puisent à la source de leur expérience en prenant appui sur des écrits anciens. Aujourd'hui, il suffit de brasser des concepts et des mots un peu exotiques, vaseux, mystérieux, ésotériques, pour passionner les foules plus attentives à la forme qu'au fond, et qui demandent davantage à rêver quelques instants qu'à tenter une investigation rigoureuse.

Je vous propose aujourd'hui, quitte à choquer certaines âmes romantiques, une *définition précise et scientifique du bonheur* le distinguant clairement du plaisir ; nous verrons ensuite les conséquences logiques de cette définition, et notamment les moyens qui permettent à chacun d'atteindre le bonheur. Certains de ces moyens rejoignent des préceptes philosophiques et religieux de multiples origines, d'autres semblent être simplement frappés au coin du bon sens, d'autres encore sont plus originaux. Mais tous trouvent une cohérence et une justification dans la représentation biologique et physiologique du bonheur que nous allons détailler.

Commençons par reconnaître sans hypocrisie que *nous cherchons le bonheur en permanence*, de façon consciente ou non, pour le présent ou pour le futur, ou même pour après la vie terrestre. Tout notre être y tend, physiquement, psychologiquement ou émotionnellement. C'est pour ainsi dire une *réalité biologique* incontournable. Même le fait de ne pas oser chercher le bonheur est une façon de le chercher. Et cette recherche représente à la fois un moteur et une direction à notre destin individuel et collectif. Alors, puisque nous ne pouvons pas faire autrement que de chercher le bonheur, pourquoi ne pas mettre tous les atouts dans notre jeu ? Partons à cette course au trésor en pleine conscience et avec le maximum de réflexion et de méthode.

1.

Pour une définition scientifique du bonheur

Voici en synthèse ma proposition :
– le bonheur est un *état physio-psychologique*, qui caractérise le bon fonctionnement de l'organisme ; il traduit en particulier l'harmonie entre les deux parties du cerveau dotées d'un pouvoir de décision : le limbique et le néocortex ou en d'autres termes le cerveau des automatismes et celui de la réflexion personnelle ;
– le bonheur est *accessible à chaque être humain*, quels que soient sa richesse, son statut social, ses capacités intellectuelles. Les hommes sont égaux devant le bonheur, alors qu'ils ne le sont pas devant le plaisir ou la souffrance physique, ni devant le statut social ;
– le bonheur est *indépendant du plaisir et de la souffrance* (physique), de l'amour, de la considération ou de l'admiration des autres ;
– le bonheur entraîne *l'épanouissement* de l'individu qui devient alors une *source de rayonnement* pour le groupe social (famille, association, entreprise) dans lequel il est inséré, et dont il renforce ainsi la cohésion et l'harmonie. Le bonheur de l'individu nourrit le groupe, ce qui n'est pas le cas du plaisir ;

— en conséquence, la quête du bonheur est non seulement légitime pour l'individu mais elle doit même être considérée comme un véritable *devoir éthique* en considération du groupe ;

— cette proposition est *en opposition avec les croyances généralement répandues* dans notre société qui, comme nous l'avons vu, estime que le bonheur dépend de la chance que l'on a au départ et tout au long de sa vie, qu'il dépend aussi de l'amour qu'on reçoit, de sa santé, de son aspect physique, de son travail, du temps qu'il fait, de l'âge que l'on a. C'est-à-dire de toute une série de facteurs sur lesquels on ne peut presque rien. « Comment être heureux si on est malade ou handicapé ? » « Comment être heureux si on est pauvre ? » « Comment être heureux quand on va mourir prochainement ? » « Comment être heureux si on est seul ? » « Comment être heureux si on n'a pas de travail ? » « Tout ceci est impossible ! »

Pourtant, à l'opposé de ces paradigmes dominants, et depuis longtemps, se sont élevés de grands prophètes et philosophes qui ont affirmé que le bonheur était en soi, disponible toujours et quelles que soient les circonstances ; qu'il ne tenait qu'à soi, individuellement, d'être ou de ne pas être heureux. Alors, pourquoi ces contradictions ?

Nous allons voir que les possibilités actuelles de donner un contenu scientifique distinct au plaisir et au bonheur permettent précisément de comprendre les dérives et les contresens, de lever les ambiguïtés, et de concilier ou de réconcilier l'histoire et la modernité, la philosophie, la science et la religion, la politique et la morale, l'individu et le groupe, le bonheur et le plaisir.

Le bonheur et les trois cerveaux

Henri Laborit vient juste de mourir. Ce chercheur français éminent est surtout connu et reconnu dans le monde pour être le père des premiers psychotropes (médicaments agissant sur le psychisme et l'humeur), et l'auteur de quelques ouvrages scientifiques et philosophiques. Mais c'est ne considérer que la partie émergée de l'iceberg. Sa contribution scientifique est beaucoup plus considérable encore et touche à l'idée que l'homme se fait de l'humanité. Il a posé, consciemment ou non, la première pierre d'une nouvelle définition du bonheur, la première définition « scientifique ».

Qu'a fait Laborit ? Il a tout d'abord cherché à reproduire chez l'animal les comportements psychopathologiques qu'on observe classiquement chez l'homme. Pour ensuite mieux les analyser, les comprendre, et trouver des parades chimiques puis médicamenteuses. Il est effectivement parvenu à provoquer de façon répétitive, à analyser biochimiquement et pour partie à bloquer un certain nombre de ces processus psychopathologiques. Il a ainsi mis au point des molécules chimiques qui devinrent les premiers médicaments de l'anxiété. On n'a voulu retenir de ses travaux que ces produits qui permettent à notre société de mieux tolérer ses angoisses et donc, en même temps, de persévérer dans ses erreurs. La consommation considérable et croissante des anxiolytiques, mais aussi des antidépresseurs et autres barbituriques, est une des manifestations les plus criantes des carences de notre société moderne.

Laborit, au-delà de son œuvre pharmacologique (étude et mise au point de médicaments) a ouvert une voie psychosociologique et philosophique immense[1]. Ce chercheur exceptionnel a aussi été un des précurseurs de l'interdisciplinarité. Il a porté un regard neuf sur un vaste territoire allant de la biologie à la psychosociologie et passé le flambeau aux spécialistes concernés.

Appliquer et développer, c'est ce qu'ont fait Jacques et Fanny Fradin[2] au cours de ces quinze dernières années. Ils ont progressivement mis au point un nouveau modèle du fonctionnement psychique, la psychophysio-analyse ou PPA. Ce modèle est exclusivement issu des développements récents des sciences du comportement et des neurosciences. J. et F. Fradin semblent disposer d'une réelle avance dans leurs recherches[3], même s'il existe une réelle convergence de fond entre tous, comportementalistes, cognitivistes (cognitif : qui traite de la connaissance. Les sciences cognitives s'intéressent aux mécanismes mentaux de la connaissance) et neuroscientifiques.

Ces connaissances, qui évoluent rapidement, font l'objet de nombreux débats entre spécialistes. Elles com-

---

1. Voir, notamment, *La Nouvelle Grille*, Laffont, 1974 et *La Légende des comportements*, Flammarion, 1994.
2. Jacques Fradin, docteur en médecine, comportementaliste et cognitiviste (AFTCC), est directeur de l'Institut de médecine environnementale à Paris ; Fanny Fradin est écrivain et art-thérapeute.
3. Voir, notamment, *La Psychophysio-analyse. Une nouvelle approche du psychisme issue des sciences du système nerveux et du comportement*, éd. IME, 157, rue de Grenelle, Paris, 1990-1992.

Pour une définition scientifique du bonheur 17

mencent à constituer un corps de connaissances acquises ou très probables suffisamment consistant pour alimenter une nouvelle réflexion philosophique sur l'homme en général. Et la mienne en particulier...

Ma réflexion sociologique et philosophique s'articule notamment autour des travaux de synthèse et de recherche de J. et F. Fradin, dont j'ai eu la chance de faire connaissance, ce qui m'a permis de m'imprégner concrètement de leur travail.

Voici résumé et schématisé l'ensemble des connaissances nécessaires à la compréhension du bonheur.

Le cerveau est en quelque sorte le quartier général, le siège social de l'organisme. C'est là que remontent l'essentiel des informations utiles à la gestion de l'individu, c'est là que se prennent les décisions stratégiques.

Le cerveau n'est pas prioritairement divisé en deux parties comme on le dit parfois, la gauche et la droite, cette représentation étant aujourd'hui considérée comme incertaine ou à tout le moins beaucoup plus subtile. On admet actuellement (il est probable que ces données seront dépassées dans quelque temps ; c'est frustrant mais c'est ainsi, et cela n'empêche pas la connaissance de progresser) que le cerveau est composé de trois étages principaux correspondant à la fois à des étapes de l'évolution, et à des niveaux d'organisation spécifiques. On appelle ces trois « cerveaux » : le *reptilien*, le *limbique* et le *néocortical*.

Au cerveau reptilien est dévolue la gestion des fonctions physiologiques, comme par exemple la respiration, la circulation sanguine, la fonction hépatique ou la digestion. Il fait son travail discrètement, sans « en parler à personne », c'est-à-dire sans que l'on en ait conscience, sauf lorsqu'il lui faut une intervention extérieure : il exprime alors quatre besoins physiologiques vitaux : boire, manger, dormir et faire l'amour.

La maintenance de l'intégrité physique est le royaume du reptilien. Il gère le besoin de sommeil en fonction de l'état de fatigue de l'organisme, de même il régule la qualité et la quantité de nourriture nécessaires au bon fonctionnement du corps. C'est le reptilien qui nous donne soif, et pas simplement soif : soif d'eau plus ou moins salée, plus ou moins fraîche, plus ou moins sucrée, en fonction des besoins de l'organisme. De même pour la faim : faim de légumes, de viande, ou de fruits, de cuit ou de cru. C'est lui aussi qui déclenche le besoin de faire l'amour, et pas avec n'importe quelle personne, l'explication des critères de sélection étant probablement à rechercher au niveau de l'espèce. Il est facile d'admettre que l'envie de carottes plutôt que d'épinards ou de viande traduit des besoins spécifiquement différents de l'organisme (oligo-éléments, minéraux, vitamines, acides aminés), mais il est plus difficile de le concevoir pour la relation sensuelle ou sexuelle : pourquoi préférer « physiquement » telle personne plutôt que telle autre ? Ce sont probablement les besoins d'évolution, de différenciation, de complémentarité de l'espèce qui organisent ces systèmes d'attraction-répulsion-indifférence sexuelles entre les individus.

Le cerveau reptilien est aussi à l'origine de nos réactions face aux agressions, c'est lui qui déclenche, en cas de besoin, les « états d'urgence de l'instinct » que Labo-

Pour une définition scientifique du bonheur

rit a découverts et répertoriés, à savoir la peur, la colère et l'abattement. Il les a appelés « de l'instinct » parce que le cerveau reptilien, qui trouve son siège essentiellement dans la région de l'hypothalamus, était censé être le domaine des instincts humains. Depuis, les progrès de la science ont mis en évidence que les instincts sont l'apanage de chacun des trois cerveaux ; au cerveau reptilien sont rattachés les instincts de survie physiologiques et les signaux d'alarme en cas de danger ; au cerveau limbique sont attribués les instincts grégaires qui nous conduisent à vivre en groupe ; et le cerveau néocortical possède ses propres instincts, en particulier celui de la découverte.

Le cerveau reptilien est incapable de prendre des décisions d'action conscientes, cependant il communique fidèlement aux autres cerveaux toutes les informations nécessaires. Sous forme de désir ou de répulsion, de satiété, de plaisir ou de souffrance. Le cerveau reptilien exprime, le plus clairement possible, l'état de l'organisme et de ses besoins chaque fois qu'il est utile ou nécessaire d'engager une action consciente du type boire ou manger. Lorsqu'on ressent par exemple un creux à l'estomac, il s'agit en fait de l'issue consciente d'une série innombrable d'opérations sous-jacentes qui assurent aussi bien le renouvellement cellulaire que l'homéostasie ou l'homéothermie, aussi bien l'effort musculaire de la marche à pied que la respiration, aussi bien la pompe cardiaque que la filtration rénale. Ces opérations se traduisent par des échanges d'énergie, des transformations de molécules, des transferts d'information sous le contrôle du cerveau reptilien qui, au moment où c'est nécessaire, exprime le besoin de « carburant » extérieur en envoyant un stimulus, en l'occurrence la sensation de faim. C'est ensuite l'ensemble néocortex-limbique qui prend le relais.

2. Le cerveau limbique gère quant à lui les programmes automatiques de comportement, les « logiciels » de l'individu, tout aussi indispensables à sa survie. C'est le cerveau de la mémoire programmante. C'est grâce à lui qu'on peut parler, marcher sans avoir besoin d'y réfléchir, descendre un escalier, conduire une voiture tout en écoutant de la musique. Grâce à sa capacité d'enregistrer et de reproduire automatiquement des attitudes ou des comportements, des mouvements, des actes et même des pensées, il permet l'apprentissage de toutes les techniques. Il gère de façon automatique toutes les informations reçues sans qu'on ait forcément besoin d'en avoir conscience. Il est programmé soit par la génétique (instincts grégaires comme l'instinct maternel ou l'instinct de compétition), soit par le dressage et l'apprentissage qui peuvent être volontaires ou involontaires, conscients ou inconscients, et qui vont induire des réactions réflexes dans certaines situations.

L'instinct grégaire (s'agréger) associé au cerveau limbique est responsable du plus grand nombre de nos comportements (comme de ceux des animaux) : c'est par exemple l'instinct grégaire qui pousse inconsciemment les hommes à se regrouper (familles, villes ou villages, places ou plages). Mais cet instinct ne se limite pas à inciter au rassemblement ; il induit de façon extrêmement précise l'organisation de la vie en société. Pour que le groupe puisse fonctionner, il faut qu'il y ait un ordre, et l'instinct grégaire pousse les individus à entrer en compétition pour le pouvoir (en particulier les mâles, car les femelles doivent être préservées du combat pour pouvoir procréer et ainsi protéger l'espèce). Pouvoir de commander à la meute, ou pouvoir de choisir sa femelle, ou pouvoir de manger avant les autres (sélection de l'espèce). C'est cet instinct grégaire qui pousse les enfants à se mesurer dans la cour de récréation, les hommes à se faire la guerre, ou à s'affronter sur un stade. C'est aussi cet instinct qui pousse les combattants à accepter la loi du plus fort, c'est-à-dire à accepter la hiérarchie. Cette partie de notre cerveau est commune à la plupart des espèces animales qui, elles, n'ont pas d'autre cerveau pour réfléchir. Mais l'être humain, lui, n'est pas obligé de suivre ces instincts « animaux » qui poussent à se rassembler, à se mesurer et à se ressembler ; il a accès à d'autres moyens pour définir sa voie, en l'occurrence la réflexion intelligente qui se développe dans le néocortex.

Le cerveau limbique est donc à la fois le siège de l'instinct grégaire et de tous les instincts dérivés, et également le centre de fabrication et de conservation des conditionnements (mémoire programmante). Le cerveau limbique est ainsi le gardien des comportements acquis et innés, c'est-à-dire ceux acquis par l'espèce et ceux acquis par l'individu.

C'est par le dressage que Pavlov a le premier mis en évidence l'acquisition de comportements répétitifs programmables et déprogrammables chez l'animal, le chien en l'occurrence, en lui apprenant que le tintement de la cloche annonçait sa pitance. De même, les parents humains apprennent à leurs petits des codes de conduite qui vont les structurer, quelquefois pour la vie entière. Cet apprentissage parents-enfants, ou plus généralement groupe-individu, a pour objectif et pour conséquence à la fois de préserver les acquis de l'espèce humaine au fur et à mesure de sa progression, mais aussi de permettre l'insertion de l'individu dans un tissu social déterminé. On conditionne le petit de l'homme à manger sa soupe d'une certaine façon, on lui apprend à pêcher, à chasser, à se nourrir, se vêtir, déclarer sa flamme, travailler, considérer ses voisins, réagir à une agression ; on lui apprend à se soigner, à témoigner son affection, à cultiver sa spiritualité, à faire face à la mort ; on le conditionne d'une certaine façon à considérer l'univers et les lois de la nature ; on lui dit comment croire, que croire et qui croire. Tous ces programmes d'apprentissage ou de dressage sollicitent le cerveau limbique qui travaille donc intensément pendant l'enfance. Ils forment comme une infrastructure qui favorise et consolide notre développement jusqu'à ce que nous les remettions en cause au fur et à mesure de notre prise de contrôle sur notre propre vie ; et que nous décidions alors quels conditionnements nous conservons, lesquels nous rejetons ou modifions. C'est le moment de l'*adolescence* : révolte du moi néocortical contre les parents, contre les autres en général, contre la culture, contre le pouvoir, c'est-à-dire en fait contre le surmoi limbique. C'est la prise de conscience de sa capacité personnelle à diriger sa vie. Mais le cerveau limbique ne lâche pas prise si facilement, d'où la souffrance propre à cette période de l'adolescence.

Pour une définition scientifique du bonheur 23

L'expérience personnelle est également à l'origine de nombre des programmes gérés par le cerveau limbique, grâce au processus essentiel de l'apprentissage. Retenons seulement pour le moment que cet apprentissage peut se faire consciemment ou inconsciemment ; il peut donc recevoir *ou non* la caution de l'intelligence néocorticale, c'est-à-dire de la puissance de raisonnement et d'observation propre à chaque individu.

La partie néocorticale de notre cerveau, et en particulier la partie préfrontale de ce néocortex, recèle ce que le cerveau humain présente de plus évolué par rapport aux autres espèces animales. C'est là que se développe notre aptitude à raisonner, à calculer, à dessiner, à faire de la poésie ou de la musique, à chercher notre destinée. Si le limbique fait la part la plus belle au groupe, le néocortex donne de l'importance à l'individu, au « je », c'est le siège de la personnalité. Pour faire référence au schéma de Freud, le néocortex pourrait représenter le moi, le limbique le surmoi, et le reptilien le ça. La capacité d'analyse du néocortex est considérable. Sa finalité principale semble être la découverte de nouveaux territoires, qui donne à l'homme sa curiosité sans cesse exacerbée d'en savoir toujours plus sur ce qui se passe là-bas, là où l'on ne voit rien encore. C'est par le néocortex que le dessein et le destin de l'homme et de l'humanité commencent à se préciser.

3.

On observe ainsi clairement une progression qualitative et quantitative dans l'« intelligence » de chacune des parties du cerveau qui évoque l'évolution et la sophistication de la vie sur terre. Mais attention à ne pas tomber dans le piège d'un jugement de valeur entre les trois cerveaux. Chacun a sa place, chacun est essentiel au bon fonctionnement de l'homme, et donc à son bonheur : *le reptilien est responsable de la surveillance et de la gestion de la physiologie organique, le limbique de la conservation de l'espèce et de l'individu, le néocortex étant la source du progrès et donc de l'évolution.*

Il ne semble pas y avoir de réelle hiérarchie entre eux ; ils sont destinés à fonctionner ensemble, probablement de façon collégiale. Ce qui signe la personnalité spécifique de l'individu, c'est la symphonie, la synergie entre les trois parties de son cerveau, dans une partition qui reste à inventer à chaque instant (voir schéma).

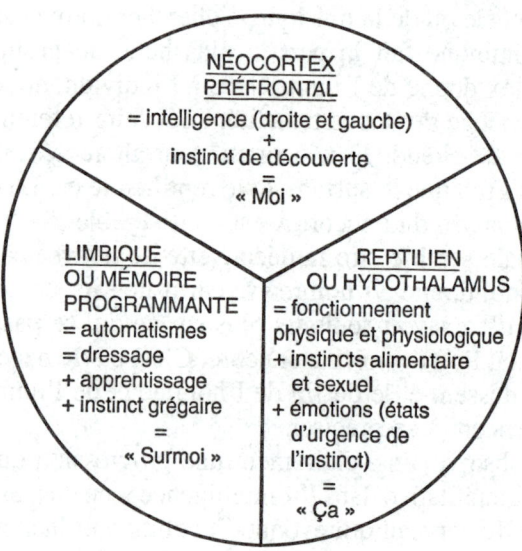

Les trois cerveaux (selon J. et F. Fradin)

Pour une définition scientifique du bonheur 25

Pour optimiser le fonctionnement de sa « merveilleuse machine », l'homme doit dépasser ses réactions instinctives ou conditionnées pour laisser la place à la réflexion chaque fois qu'il lui est possible de le faire. Les humains ont cette extraordinaire supériorité de pouvoir préférer la réflexion au réflexe. Il ne s'agit pas de renier nos instincts animaux, ni notre capacité à forger des automatismes ; nous devons au contraire les aimer et les respecter pour leur inestimable intérêt. On peut concevoir l'évolution de l'humanité comme un immense escalier dont l'aboutissement nous est inconnu, et où chaque marche correspond à un progrès du patrimoine culturel ou génétique qui se traduit dans les capacités respectives des trois cerveaux. Et chaque nouvelle marche de l'escalier suppose que toutes les autres soient encore solides ; si on supprimait les marches qu'on a gravies, c'est tout l'escalier que l'on détruirait. A l'inverse, il convient de ne pas mésestimer les progrès de l'évolution biologique et de bien donner toute sa place à l'intelligence néocorticale. L'homme doit accepter son animalité originelle et présente, mais au moins autant son humanité qui représente sa véritable dimension spécifique et son destin.

Le malheur : agressivité, anxiété ou déprime

Quand les trois cerveaux sont en harmonie, quand chacun fait son travail, la conscience est en éveil, c'est ce que je propose ici d'appeler le bonheur.

Parfois l'organisme est alerté de l'existence d'un danger extérieur, automatiquement, dans certaines situations. Si les hommes sont parvenus à survivre et à prospérer malgré les dangers, c'est grâce à un mécanisme d'alarme découvert par Laborit, puis minutieusement décrit par J. Fradin dans *La Psychophysio-analyse*, et qui s'appelle : « états d'urgence de l'instinct ». Il s'agit d'un système réflexe, activé par le cerveau reptilien sous l'impulsion de certains stimuli perçus comme des signaux de danger pour la survie de l'individu ou pour le maintien de son intégrité physique. Ce mécanisme réflexe, cette sonnette d'alarme, va permettre à l'organisme de réagir extrêmement vite. Les stimuli déclenchants sont innés ou acquis ; ce peut être aussi bien certains bruits, certaines odeurs, certaines douleurs ou certaines maladies, certains animaux, certaines situations, certains mots, certains comportements, etc. La réaction réflexe déclenchée (ou état d'urgence de l'instinct) peut se présenter sous trois aspects différents, en fonction de la situation et de l'individu.

– L'*état de fuite*, comme son nom l'indique, force l'individu à s'enfuir le plus vite possible. L'individu se sent poussé à détaler sans même comprendre pourquoi. Concomitamment, il se produit une modification des fonctions métaboliques qui favorise la mobilisation des ressources énergétiques et des muscles nécessaires à la course. Le vécu émotionnel correspondant à cet état est *la peur*. Incontrôlable, irréfléchie puisque par définition elle est réflexe. La peur n'a rien à voir avec la conscience d'un danger fondée sur l'observation et la réflexion ; les deux sont souvent confondues dans le langage courant,

Pour une définition scientifique du bonheur 27

mais on peut avoir peur en l'absence de danger, et on peut être conscient d'un danger sans ressentir la peur. Avant même que le lapin ait pu analyser le bruit des pas qui se rapproche, il est déjà en train de courir à toute vitesse pour se mettre à l'abri.

– L'*état de lutte* pousse l'individu au combat, mais là encore de façon automatique, réflexe. Comme dans la fuite, cette réaction génère des modifications métaboliques qui mettent l'individu dans les meilleures conditions physiques et émotionnelles pour vaincre son adversaire éventuel (agressivité, rythme cardiaque, tonus musculaire, afflux de sang). Le vécu émotionnel, c'est ici *la colère*, une colère toujours aussi indépendante de la réflexion néocorticale que pouvait l'être la peur dans l'état de fuite. L'envie de mordre ou de tuer est réflexe, et en rapport avec son propre instinct de survie.

– L'*état d'inhibition d'action* oblige quant à lui l'individu à faire le mort, en ralentissant toutes les fonctions métaboliques comme la respiration et la digestion, lui donnant plus de chances de passer ainsi inaperçu. Le vécu émotionnel est ici *l'abattement*, une dépression brutale et forte qui entraîne la prostration.

Un état d'urgence a vocation à être de courte durée, le temps de mettre en œuvre une première réaction salvatrice et de permettre aux autres cerveaux d'élaborer des stratégies plus sophistiquées. En particulier chez l'homme.

Ce mécanisme d'alerte présente d'immenses avantages et quelques inconvénients. Au rang des avantages, essentiellement la rapidité de sa mise en œuvre qui compense la relative lenteur des autres cerveaux (l'intelligence met au moins une seconde pour analyser une situation alors que les états d'urgence surviennent quasi instantanément). Au rang des inconvénients, l'alerte peut être infondée et générer un comportement inadapté. Tout bruit suspect ne correspond pas forcément à un danger, ni toute forme inquiétante à un ennemi. Il faut donc que le relais soit pris rapidement avec le cerveau néocortical, c'est-à-dire l'intelligence et la réflexion, ne serait-ce que pour se défaire de l'émotion liée à l'état d'urgence. Qu'il y ait réellement danger ou non, il est effectivement très souhaitable de retrouver son calme le plus rapidement possible, ne serait-ce que pour mettre en œuvre, le plus intelligemment possible, les actions les plus adaptées. En général, et surtout en cas de danger, l'intelligence tranquille est bien préférable à l'émotion : seule l'intelligence peut estimer avec le maximum d'éléments d'analyse s'il convient de se battre ou non, et si oui, quels sont les meilleurs atouts pour vaincre (la colère rend « aveugle »). De même pour décider et mettre en œuvre une fuite stratégique, il vaut mieux regarder où l'on met les pieds, on courra peut-être moins vite, mais plus longtemps et plus efficacement, alors que sous l'emprise de la peur, on va commettre erreur sur erreur, se prendre les pieds dans le tapis, se heurter aux obstacles, se tromper de direction. Enfin, si l'on décide en toute conscience et sereinement de passer inaperçu, de faire le mort, la réflexion néocorticale est préférable à la prostration reptilienne : il vaut mieux respirer normalement bien caché dans un endroit difficile à repérer, que de respirer à peine au beau milieu des hostilités.

Les émotions que suscitent les états d'urgence de

l'instinct ne sont pas suffisantes pour mettre en péril le bonheur de l'individu. Elles représentent un moment de stress, mais c'est tout. Chaque cerveau joue bien son rôle : reptilien et limbique déclenchent les réactions réflexes, puis le néocortex entre en scène et reprend les rênes du pouvoir du haut de sa compétence pointue. L'émotion retombe à ce moment-là, elle n'aura duré que quelques instants.

Le malheur arrive si et quand ces émotions s'installent *durablement*. Les réflexes limbiques ne sont pas relayés par l'intelligence néocorticale, l'individu reste sous l'emprise de la peur, de la colère ou de l'abattement. Nous ne sommes plus dans le cadre d'une réaction physiologique, nous glissons dans la pathologie. *De fait, la peur cède la place à l'anxiété, la colère à l'agressivité, et l'abattement à la tristesse ou à l'état dépressif.* Aucun véritable danger n'explique la rémanence de ces émotions qui n'ont à déboucher sur aucune action de survie : pas de nécessité de fuir, de combattre ou de faire le mort. Alors, pourquoi ?

Simplement, d'après les travaux de J. et F. Fradin, parce que l'intelligence ne parvient pas à prendre le relais d'un programme automatique limbique que par ailleurs elle désapprouve. Le cerveau reptilien considère alors qu'il y a danger, et déclenche le seul mécanisme d'alarme qu'il connaît, l'état d'urgence de l'instinct. Afin d'alerter l'arbitre suprême, la conscience, qui doit redistribuer les rôles et permettre à l'intelligence de réparer les programmes inadaptés. Tant que le néocortex n'est pas réinstallé au pouvoir, la sonnette d'alarme reste enclenchée. L'émotion qui en découle est alors soit un état d'agitation (fuite), d'agressivité (lutte) ou de tristesse (inhibition). Tout cela sans aucune raison objective. C'est cet *état de souffrance* que je propose d'appeler le *malheur* (état de dégradation du bonheur), car c'est bien alors que le bonheur s'en va, que cet état de plénitude, de complète satisfaction qui nous habite hors des états d'urgence, nous quitte.

Chaque fois que nous nous sentons agressifs, anxieux ou tristes alors même que notre vie n'est pas en danger, ce ne sont pas les faits qui sont en cause, mais seulement une pensée automatique conditionnée, avec laquelle notre intelligence n'est pas d'accord. « Ce ne sont pas tant les choses qui nous font souffrir que l'idée que nous en avons » (Epictète).

Ces états sont réellement *pathologiques* : ils entraînent une modification de l'humeur et du fonctionnement physiologique, et, de fait, ils sont beaucoup plus fréquents qu'on ne le croit : on passe le plus clair de sa vie en *état d'urgence* permanent, c'est-à-dire baigné dans ses émotions, c'est-à-dire en état de *malheur*.

On récapitule ? Le bonheur, c'est le fonctionnement harmonieux des trois cerveaux, chacun fait son travail. En cas de danger décelé par le cerveau limbique (réflexe inné ou acquis), le cerveau reptilien déclenche une émotion destinée à provoquer une réaction adaptée. Cette émotion de stress (fuite, lutte, inhibition) a vocation à être de courte durée et à s'éteindre avec la fin de l'alerte. Chez l'homme, ce mécanisme s'est complexifié avec le développement de l'intelligence néocorticale et est devenu la source de souffrances psychiques parfois intolérables. Lorsque l'intelligence est en désaccord avec une pensée automatique, et tant que cette pensée persiste, le cerveau reptilien déclenche un « état d'urgence de l'instinct » qui provoque de l'anxiété, de l'agressivité ou de la tristesse. Ces émotions, à leur tour, génèrent des comportements pathologiques : l'anxiété entraîne une agitation incessante, physique, psychique, professionnelle, affective ; l'agressivité se décompense en esprit de compétition, en combats et défis de toutes sortes ; l'état dépressif ou la tristesse se traduit par un grand besoin de sommeil, et par la recherche de situations surprotégées. Et surtout ces états pathologiques chroniques vont souvent déboucher sur la prise de drogues, d'alcool ou de médicaments. Il s'agit donc bien d'une maladie (voir schéma).

Comment le malheur vient aux humains

Sophie M. est en train de vaquer paisiblement à ses occupations. A un certain moment, survient un micro-événement, pas forcément perceptible au niveau conscient. En parcourant le journal, elle voit une publicité pour un produit amaigrissant. Et sans même qu'elle s'en rende compte, se déroule dans son système limbique un enchaînement de pensées automatiques, dont voici quelques exemples :
— « je suis trop grosse, je devrais essayer ce produit » ;
— « oh, et puis de toutes façons, c'est tout pareil, ça ne marche jamais » ;

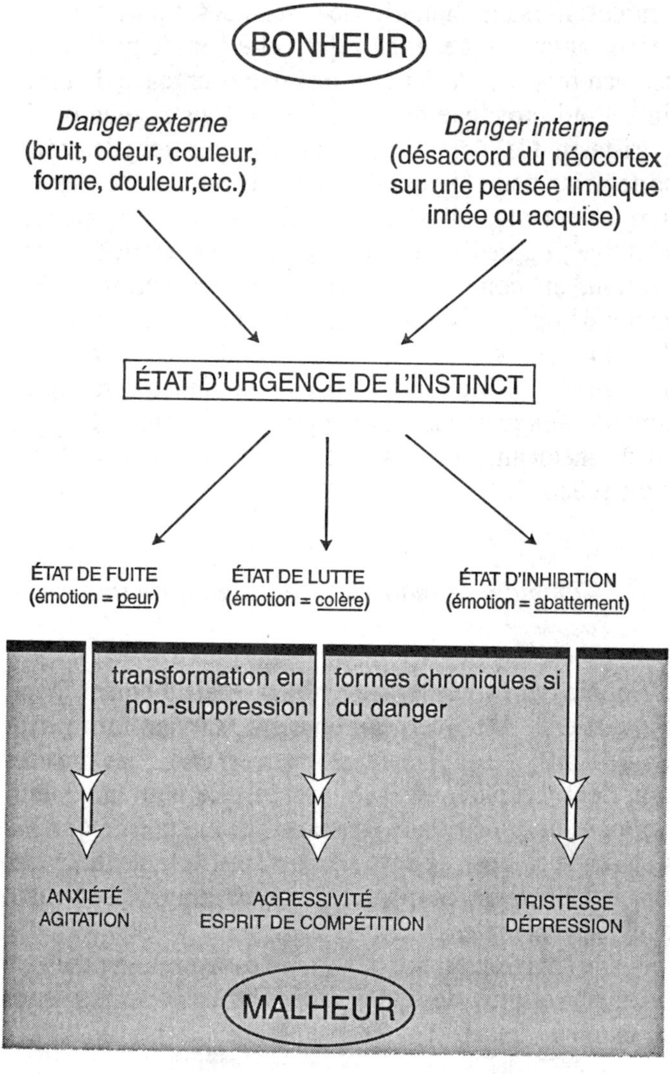

```
                    ┌─────────┐
                    │ BONHEUR │
                    └─────────┘

   Danger externe              Danger interne
   (bruit, odeur, couleur,     (désaccord du néocortex
   forme, douleur, etc.)       sur une pensée limbique
                                innée ou acquise)

            ┌─────────────────────────────┐
            │ ÉTAT D'URGENCE DE L'INSTINCT│
            └─────────────────────────────┘

   ÉTAT DE FUITE      ÉTAT DE LUTTE      ÉTAT D'INHIBITION
   (émotion = peur)   (émotion = colère) (émotion = abattement)
```

transformation en non-suppression | formes chroniques si du danger

ANXIÉTÉ   AGRESSIVITÉ   TRISTESSE
AGITATION   ESPRIT DE COMPÉTITION   DÉPRESSION

MALHEUR

Pour une définition scientifique du bonheur

– « ce qu'il faudrait, c'est que j'aie la volonté et le courage de faire un vrai régime. Et de m'y tenir » ;
– « oui, mais j'ai déjà essayé et je n'y arrive pas. Je n'ai aucun courage, aucune volonté » ;
– « c'est pour ça que je suis toujours seule » ;
– « allez, je vais quand même essayer, on ne sait jamais » ;
– « oui, mais je n'y crois pas vraiment » ;
– « qu'est-ce que je suis nulle... »

Voilà donc une série de monologues intérieurs, souvent semi-conscients, qui provoquent et expriment un état d'urgence, un stress, alors même qu'on n'a pu déceler aucun danger extérieur pour la vie de Sophie. Si, à ce moment-là, on l'interroge sur ce qui lui donne cet air renfrogné, soit elle ne va pas répondre parce qu'elle ne le sait pas (ce dialogue peut très bien se dérouler juste au-dessous du niveau de conscience), soit elle va dire ce qu'elle pense, à savoir : « Je suis nulle, trop grosse, sans courage et sans volonté. » En fait, il s'agit de la pensée limbique affichée dans sa conscience à ce moment-là, mais si elle a cet air renfrogné, si elle est en état d'urgence, c'est que son intelligence n'est pas d'accord avec cette accumulation de pensées conditionnées ou instinctives (l'instinct grégaire pousse à se conformer au groupe).

Comment faire la distinction entre une pensée intelligente et une pensée limbique, automatique ? (Voir schéma.)

– La pensée intelligente, néocorticale, est souple, ouverte, elle intègre la complexité et le doute, met l'individu dans un état de léger optimisme inconditionnel.

PENSÉE LIMBIQUE	PENSÉE NÉOCORTICALE
Sensation d'évidence – il n'y a pas place pour le doute – « c'est comme ça et pas autrement » – « c'est évident »	*Aucune évidence* – seulement de fortes probabilités – réalité subjective et virtuelle reconnue comme telle, et susceptible d'être remise en cause par de nouveaux éléments ou un complément de réflexion
Rigide – s'oppose à toute forme d'intrusion ou de remise en cause – ne supporte pas la contradiction	*Souple* – évolue facilement au gré de la réflexion ou de l'échange – apprécie tout enrichissement
Assez simple voire simpliste « les pommes de terre font grossir » « les Noirs sont racistes » « les produits naturels sont bons pour la santé »	*Nuancée et complexe* les choses ne sont pas blanches ou noires, mais multicolores, multi-facettes, évolutives...
Provoque un état d'urgence si désaccord avec pensée néocorticale ou sinon légère tension	*Provoque un léger optimisme inconditionnel* – on se sent bien quoi qu'il arrive, que ce que l'on pense soit vrai ou faux – on habite totalement son corps et son esprit, dans l'amour de la vie
Mots clés vérité - honnêteté - réalité - droit - certitude	*Mots clés* cohérence - connaissance - évolution - complexité - nuance - harmonie

(*selon J. et F. Fradin*, La Gestion des modes mentaux)

– La pensée automatique mise en œuvre par le cerveau limbique, qu'elle soit instinctive ou conditionnée, est rigide, elle ne laisse pas la place au doute, elle est simpliste, elle ne rend pas pleinement heureux.

Face au monologue limbique de Sophie, son intelligence peut être en désaccord sur presque tout. D'une part, elle ne trouve pas forcément que « je suis trop grosse... », ou alors de façon beaucoup plus nuancée, circonstanciée, telle que : « Oui, c'est vrai, j'ai pris quelques kilos depuis que j'ai arrêté de fumer, mais je trouve que ça en valait la peine. C'est classique, ça peut être passager, en tout cas ça n'est pas dramatique. Pour ce qui est de mon apparence, tant pis, il n'est peut-être pas essentiel de ressembler aux canons de la beauté, et pour ce qui est de ma santé, il vaut mieux que je ne fume plus et que je recommence à faire de bonnes marches vigoureuses comme je les aime », etc. L'intelligence va ajouter que « le courage ou la volonté, ça n'est pas de faire ce à quoi je ne crois pas, mais de savoir accepter et exprimer ma véritable personnalité. Quand je suis vraiment motivée pour faire quelque chose, rien ne peut m'arrêter ». « Essayer un produit sans avoir pris des renseignements au préalable, ça n'est peut-être pas sérieux et ça peut encore aggraver la situation. » « Si je suis souvent seule, ça n'est peut-être pas pour des questions de "look" mais plutôt parce que je ne m'aime pas assez pour ce que je suis, ce qui renforce mon exigence vis-à-vis des autres et me rend toute compagnie difficile à la longue. » « Me considérer comme "nulle" n'a aucun sens et j'ai déjà pu vérifier que je ne l'étais pas. »

Voilà ce que peut se dire l'intelligence personnelle de

Sophie tandis que son cerveau limbique développe ses pensées automatiques. Alors, le cerveau reptilien envoie un signal à la conscience sous la forme d'un état d'urgence. Il y a effectivement urgence à rectifier la pensée automatique qui risque d'amener Sophie à faire des choses incohérentes par rapport à la situation réelle, et éventuellement *dangereuses*. Nombreuses sont en effet les jeunes femmes qui ruinent leur santé à la suite de ce genre de réflexion limbique avec des régimes alimentaires inappropriés et excessifs, voire avec des médicaments détournés de leur finalité thérapeutique et qui se révèlent alors toxiques. Ces personnes ne connaissent pas le mécanisme de l'urgence et prennent ces émotions pour des conséquences directes de leur « grosseur », de leur « lâcheté », ou de leur « nullité ». Dans le cadre d'un fonctionnement intelligent, la conscience est alertée par l'urgence, comprend que c'est une pensée conditionnée qui est la cause du trouble émotionnel, et redonne le pouvoir de la réflexion et de l'action au néocortex qui prend le relais, et en profite pour modifier le programme réflexe géré par le limbique. Tant que cela n'est pas accompli, il y a urgence chaque fois que ce programme s'active sous l'impulsion d'un stimulus interne ou externe.

Par exemple, chaque fois que Sophie sera confrontée à une situation qui met en scène la minceur, les régimes, ou la volonté, elle va « passer en urgence » : elle sera anxieuse, agressive ou triste et elle ne comprendra pas pourquoi. Ses programmes limbiques se mettront en marche automatiquement et lui souffleront à l'oreille le même genre de douceurs que tout à l'heure, son intelligence ne sera toujours pas d'accord, et le cerveau reptilien tirera la sonnette d'alarme, d'où urgence, d'où émotion. Tant que sa conscience ne se « réveillera » pas, elle restera en état d'urgence. Tant que Sophie se trouvera « nulle », elle aura un fond d'urgence. Si c'est sur un mode de fuite, son anxiété la poussera à s'activer intensément dans son travail ou dans un passe-temps, voire à s'acheter des vêtements ou une barre de chocolat et ainsi grossir encore davantage. Si son mode réactionnel est l'agressivité, elle va rechercher des souffre-douleur pour passer ses nerfs. Si c'est la déprime, alors elle cherchera à rentrer dans son cocon pour être « tranquille ».

Toute une vie peut ainsi être gâchée faute de connaître ce mécanisme somme toute relativement simple, tellement essentiel et simple qu'il serait possible et très souhaitable de l'apprendre à l'école.

Les émotions en elles-mêmes sont déjà assez ou très pénibles, elles peuvent de plus entraîner des conséquences dramatiques : être agressif quand on n'a pas d'ennemi, c'est risquer bien souvent de s'en créer parmi ses amis, de briser des relations affectives ou professionnelles auxquelles on tient, de diffuser un climat de tension désagréable et néfaste alors même qu'on ne le souhaiterait pas. De même l'anxiété entraîne bien des désagréments qui vont de la simple étourderie à de véritables défaillances de mémoire, elle peut avoir des répercussions pénibles au plan professionnel puisqu'elle peut aussi bien conduire à un perfectionnisme mal maîtrisé qu'à une exécution bâclée de son travail. Sans parler des déboires affectifs multiples que l'anxiété peut provoquer. Mais la déprime ou la tristesse chroniques ne sont pas non plus sans conséquence : les amis s'éloignent, même les plus protecteurs, et à force de se protéger de tout et de tous, on ne peut plus vivre l'aventure de sa vie.

Le malheur, le mal-être de la vie quotidienne, c'est tout cela. A la fois la souffrance des états d'urgence chroniques, et aussi l'enchaînement infernal des conséquences de ces états sur notre vie personnelle et celle de notre entourage. Il suffirait pourtant, pour revenir à l'état de bonheur, de réviser et de modifier ses programmes automatiques de pensée et d'action. Au lieu de cela, l'attitude la plus générale consiste à chercher à l'extérieur de soi la cause et la solution de ses problèmes.

Ce ne sont pas les faits qui sont générateurs d'angoisse, d'agressivité ou de déprime, mais uniquement notre façon *limbique* de voir les faits. Ce n'est pas dans le réel que se forge le malheur, mais dans *l'imaginaire*.

Par exemple, si Philippe, le père de Sophie, se retrouve au chômage, ce n'est pas ce fait qui va le rendre agressif, anxieux ou déprimé, mais la ou les pensées conditionnées déclenchées par ce fait. Si le fait en lui-même peut paraître grave et le cas échéant gravissime, Philippe peut cependant essayer d'agir sur ses pensées pathogènes. Il va ainsi se rendre compte qu'il a, de la vie en société, une vision qui ne lui est pas personnelle mais conditionnée par son éducation et par la culture ambiante, et que sa réflexion néocorticale n'approuve pas. Par exemple :

– « seul le travail donne une existence sociale » ;

– « l'argent permet d'obtenir la considération et l'amour des siens » ;

– « seul l'esprit de compétition permet de survivre dans cette société élitiste, etc. »

Par la réflexion et l'écoute de sa propre pensée, de sa

personnalité, Philippe peut substituer à ces poncifs une vision plus complexe, plus nuancée, éventuellement même assez différente, et surtout plus personnelle, qui va lui permettre de retrouver l'harmonie entre ses deux cerveaux. Il va ainsi retrouver son bonheur malgré la situation difficile qu'il affronte, et avec ses capacités et sa sensibilité retrouvée, il aura plus de chances de retrouver un autre travail.

Prenons maintenant l'exemple de la mère de Sophie : Christiane est née un vendredi 13 et elle est persuadée que ça porte malheur. Chaque fois qu'il lui arrive une difficulté, elle pense : « Je suis maudite. » Avec, en prime, un état d'urgence qui lui amène à son tour un lot de nouvelles difficultés : si c'est un état de *fuite*, la voilà anxieuse, elle perd ses affaires, casse des objets, oublie ses rendez-vous ; si c'est un état de *lutte*, elle devient agressive, elle se mesure avec n'importe qui sur n'importe quoi, elle rabroue ceux qui l'aident et pourraient lui faire du bien, elle fait fuir ses amis par sa violence. Et enfin, si elle réagit sur le mode de *l'inhibition*, elle est triste et déprimée, plus rien n'a d'intérêt à ses yeux, elle voit tout en noir, le monde, les autres, et surtout elle-même. Ce conditionnement sur sa date de naissance va la suivre toute sa vie, l'empoisonner, la mener systématiquement de Charybde en Scylla, lui occasionner un état d'urgence permanent.

Si Christiane prend connaissance et conscience de ces mécanismes, elle aura l'impression d'avoir passé toute sa vie en état d'urgence. Ce sera presque vrai, d'autant plus que cette pensée conditionnée que son néocortex réprouve aura généré d'autres pensées tout autant désapprouvées par son intelligence néocorticale et qui ont engendré en elle d'autres états d'urgence à d'autres moments. Par exemple, pour confirmer son premier conditionnement sur le fait qu'elle a été maudite à sa naissance, elle a développé une superstition généralisée qui envahit sa vie. Elle est accrochée à ses horoscopes en permanence. Elle estime a contrario qu'il y a des gens bénis par la vie et qu'elle n'aurait pas dû faire d'enfants car elle va leur transmettre sa « poisse ». Elle estime que la chance joue un rôle essentiel dans la vie et qu'elle n'en a pas son lot.

Mais le jour où une fois, une seule fois, elle s'interrogera sur le bien-fondé de sa croyance en faisant travailler son intelligence néocorticale, il lui faudra certes un peu de temps et un peu de technique (et éventuellement une aide extérieure) pour défaire les nœuds qui ont pu se former autour, mais après une heure ou deux, ou dix, *c'en sera fini*. Définitivement. Ce piège qui l'a tant fait souffrir s'ouvre d'un seul coup, disparaît totalement et avec lui, en cascade, tomberont un à un tous ses petits frères, tous les conditionnements dérivés que son limbique a construits depuis son enfance pour consolider le principal.

Auparavant, Christiane ressentait la vie et le monde comme un fardeau qu'on lui avait donné à sa naissance, elle souffrait de son émotion en permanence, et elle se disait que peut-être, « dans une autre vie », elle pourrait ou elle aurait pu être heureuse. Maintenant, depuis qu'elle a détruit la pensée conditionnée qui la faisait souffrir, elle *est* heureuse. Et cette liberté retrouvée l'émerveille un peu plus chaque jour, la rend un peu plus amoureuse de la vie, un peu plus épanouie. Tout ceci indépendamment du contenu de la réalité extérieure, de la souffrance physique, de la chance, du plaisir, des autres. Et indépendamment de son horoscope !

Lorsqu'on a compris le fonctionnement du malheur, lorsqu'on a compris qu'il s'agit d'une vraie maladie et qu'on peut en guérir, on n'en est pas guéri pour autant. Il reste à faire le travail de déconditionnement. Et c'est long ! Quand on gratte un peu, on en voit encore et toujours ! C'est comme dans un jardin : il y a toujours du travail à faire. Oui mais voilà, c'est le plus beau travail qu'on aura jamais fait de toute sa vie. C'est la mise à jour d'un fantastique trésor, une vraie caverne d'Ali Baba : soi-même. Je ne connais rien de plus exaltant, de plus épanouissant que de redonner le pouvoir à sa propre intelligence. Et ce n'est pas du « tout ou rien ». Plus on progresse dans la connaissance et l'acceptation de soi, plus les moments de bonheur sont nombreux et intenses, plus le malheur diminue de force et d'intensité.

Découvrir et exprimer sa vraie personnalité, c'est sortir de l'« enfer » limbique (imitation des autres, soumission au clan), pour entrer dans le « paradis » néocortical (découverte, acceptation et amour de soi). Prendre conscience de ses automatismes de pensée et de comportement, c'est comme parvenir à l'âge adulte. La vie commence vraiment. Le bonheur, ce n'est pas un état de liberté absolue, mais un chemin qui donne chaque jour un peu plus de liberté, un peu plus d'émerveillement et d'amour de la vie dans tout ce qu'elle représente, y compris ses propres faiblesses, y compris celles des autres, y compris la souffrance, y compris la mort.

2.

Le chemin du bonheur

Apprendre à distinguer bonheur et plaisir

La première difficulté à affronter dans ce chemin vers le bonheur, c'est le fait qu'il n'y a pas de relation directe entre le plaisir et le bonheur. Le plaisir d'avoir une famille, une maison, le plaisir d'être admiré, le plaisir d'être riche, le plaisir d'être en bonne santé, le plaisir d'être bien en couple, celui de bien manger, le plaisir d'avoir un travail, le plaisir de ne pas travailler, le plaisir de prendre un bain dans la mer, de se faire dorer au soleil, etc., tous ces plaisirs sont certes très agréables, mais ils ne font pas – et ils ne sont pas – le bonheur. En tout cas le bonheur défini comme cette sensation de plénitude qui vient de l'absence d'état d'urgence chronique.

On peut être à la fois heureux et malade ou même à l'article de la mort, on peut être à la fois pauvre et heureux, laid et heureux, etc. Bien sûr, c'est difficile à admettre : l'instinct grégaire et les conditionnements culturels nous portent à croire que ces situations (maladie, pauvreté, laideur) nous interdisent l'accès au bonheur et que l'important est de ne pas souffrir dans sa chair (instinct reptilien) et d'être accepté par les autres (instinct grégaire). Ces croyances provoquent un état d'urgence chronique (c'est-à-dire le malheur) parce que l'intelligence les censure : pour cette dernière, la clé du bonheur c'est l'acceptation totale de soi, le respect de soi, l'expression de sa propre personnalité, conditions nécessaires et suffisantes pour une relation constructive et créative avec les autres, ainsi que pour l'amour vrai, quels que soient son état de santé, son compte en banque ou son « look ». On peut d'ailleurs le constater chez certains grands malades ou certains handicapés qui rayonnent de bonheur malgré leurs souffrances ou leurs limites.

Le plaisir et le bonheur sont des sensations de *nature* et de *niveau* différents : le plaisir émane des cerveaux reptilien et limbique, alors que le bonheur est l'expression de l'harmonie entre le cerveau néocortical et les deux autres cerveaux.

Le plaisir reptilien

Le reptilien, rappelons-le, est le cerveau de la santé, de la préservation physique de l'individu et de l'espèce. C'est lui qui gère et exprime le besoin de manger, de boire, de dormir. Et pour assouvir ces besoins vitaux de l'organisme, étant donné qu'il n'a pas le pouvoir de l'action consciente, il doit obtenir la contribution active des autres cerveaux : le limbique ou le néocortex. Alors, il leur parle, ou plutôt il parle à la conscience qui ensuite distribue les tâches. Son langage est simple : *désir-satiété-plaisir-déplaisir*.

Le désir invite à l'action. C'est une sensation à la fois agréable et légèrement douloureuse destinée à éveiller l'attention, un peu comme une petite tape amicale de la part de quelqu'un qui sollicite votre écoute. Une sensation spécifique qui indique clairement son objet. Plutôt agréable au début, elle peut devenir plus douloureuse au fur et à mesure que le temps s'écoule sans qu'on ait répondu à la sollicitation du cerveau reptilien. La petite pointe de faim du début se transforme avec le temps en un grand creux à l'estomac. De même que le sommeil va d'abord se manifester par quelques signaux discrets puis va devenir progressivement irrésistible.

Pour inciter encore davantage les autres cerveaux à agir dans le sens souhaité, le désir cède la place au plaisir dès lors qu'on répond favorablement à la sollicitation du cerveau reptilien. C'est bon de manger quand on a faim, de boire quand on a soif, de dormir quand on a sommeil ! Certains ont d'ailleurs cru que c'était cela, le bonheur. Non, c'est simplement le plaisir. Plaisir donc, lorsqu'on réalise les opérations que le reptilien souhaitait. Il agit ainsi comme nous agissons avec un animal domestique : quand il obtient satisfaction, il dispense du plaisir.

Lorsque, au contraire, on tarde à répondre, la souffrance contenue dans le désir va croître, à la manière d'un réveil qui sonne de plus en plus fort au fur et à mesure que le temps passe si le dormeur ne se réveille pas.

En résumé, *le désir* est destiné à attirer l'attention et à pousser à l'action ; *le plaisir* témoigne qu'on a bien compris l'appel et il dure tant que le besoin n'est pas encore totalement satisfait ; *le déplaisir* signale une erreur de diagnostic, et *la satiété* témoigne du besoin assouvi : le plaisir s'estompe progressivement, puis stoppe complètement, et même laisse la place à une légère souffrance sous forme de dégoût si on s'avise de trop dépasser la dose nécessaire. Formidable, non ?

Il existe une autre situation dans laquelle le cerveau reptilien diffuse une sensation de plaisir, c'est lorsque l'on assouvit ses états d'urgence de l'instinct : lorsque nous sommes en colère et que nous « piquons » cette colère, il s'ensuit une sensation de plaisir ; de même lorsque, anxieux, nous nous mettons à courir, à fuir ; et si, abattus ou tristes, nous nous mettons à l'abri, dans une situation de sécurité apparente ou de réconfort, nous avons encore une fois du plaisir. Nous verrons plus loin que cette source de plaisir représente l'un des principaux pièges dans la route du bonheur, car elle incite à cultiver les états d'urgence pour mieux les assouvir (esprit de compétition, amour romantique, recherche des frissons, etc.).

Le cerveau reptilien communique toujours de la même façon : stimulation plus ou moins douloureuse pour alerter les autres cerveaux (désir ou émotion), puis diffusion d'une sensation de plaisir quand ils répondent à ses sollicitations.

Le plaisir limbique

Le cerveau limbique, deuxième dans l'ordre d'apparition sur la scène de l'histoire de l'évolution, semble justement avoir été conçu pour utiliser ces signaux (plaisir-souffrance) et les transformer en actes réflexes ou en pensées réflexes pour augmenter les chances de survie de l'individu. C'est une extraordinaire machine au service du reptilien. Il mémorise (c'est le centre de la mémoire programmante) toutes les situations vécues en leur affectant un certain coefficient d'intérêt en fonction du plaisir ou de la souffrance qu'elles ont engendrés et qui témoignent de l'intérêt du cerveau reptilien à leur égard. Ensuite, le cerveau limbique favorise la reproduction automatique des situations qui génèrent le plus fort coefficient de plaisir reptilien. Inversement, il va tout faire pour éviter les situations génératrices de souffrance.

C'est un cerveau relativement « grossier », il n'est pas équipé pour faire dans la nuance. Par exemple il distingue mal les relations de concomitance des relations de cause à effet. Pour lui, a priori, le hasard n'existe pas. Si on a du plaisir un dimanche, en janvier, en présence de telle(s) personne(s), dans telle région, à telle heure, dans tel environnement visuel ou olfactif, chacun de ces paramètres sera répertorié avec une notation positive et un certain coefficient d'intensité. Plus un paramètre sera répété et aura de bonnes notes en quantité et en intensité, plus le limbique cherchera à retrouver ce paramètre. Et inversement.

Le cerveau limbique est un cerveau réflexe dont la mission consiste à sélectionner automatiquement et de façon ultrarapide le comportement susceptible, d'après sa mémoire et ses calculs, de satisfaire le mieux possible le cerveau reptilien.

Le limbique cherche à produire le maximum de plaisir

Le chemin du bonheur

reptilien, et lui-même en sécrète également lors de l'accomplissement de ses programmes, qu'ils soient instinctifs ou acquis par le dressage ou l'apprentissage : recherche de pouvoir ou de sécurité, besoin d'être intégré dans le groupe, d'être considéré, aimé, besoin de vaincre dans la compétition, instinct maternel, soif d'ordre et de hiérarchie (instinct grégaire), plaisir de la chose bien faite, conscience professionnelle.

Nous pouvons ainsi distinguer :
— les *plaisirs reptiliens*, répartis entre
  • l'accomplissement des fonctions vitales (boire, manger, dormir, faire l'amour), et
  • l'assouvissement des états d'urgence de l'instinct (courir quand on est en fuite, se battre quand on est en lutte, ne plus bouger quand on est en inhibition d'action) ;
— les *plaisirs limbiques* tirés de la réponse aux conditionnements acquis (apprentissage, dressage), ou innés (instinct grégaire). Avec un peu d'attention, on peut percevoir les nuances dans ces deux types de plaisir, et ainsi mieux réaliser dans quelle situation on se trouve.

Le bonheur (ou plaisir néocortical ?)

Cette douce sensation de plénitude, cette gratification de niveau supérieur au plaisir, est probablement apparue au dernier stade de l'évolution (*homo sapiens sapiens*) avec le développement du néocortex, c'est-à-dire le siège de l'intelligence.

Lorsque nous parlons d'*intelligence néocorticale*,

nous désignons aussi bien les capacités de *raisonnement*, de *calcul*, mais aussi la *créativité*, l'*expression artistique* et les *approches globales*. A noter qu'il existe également une « intelligence » limbique qui correspond à la capacité de mémoriser, d'enregistrer des programmes, d'apprendre des comportements répétitifs, de sécréter des actes réflexes. Le néocortex apporte à l'homme des possibilités considérablement étendues par rapport au cerveau limbique. Il a une capacité de travail énorme, incommensurable, et encore assez peu exploitée. Nous avons un trésor inexploité au fond de chacun de nous.

Nous étions jusqu'ici en quête systématique de *plaisir*, nous devons maintenant nous familiariser avec la quête méthodique du *bonheur*, qui oblige à faire appel à l'intelligence. Réciproquement, plus on fait appel à l'intelligence néocorticale, plus on favorise l'installation durable du bonheur.

La relation asymétrique entre plaisir et bonheur

La recherche du bonheur doit primer sur la recherche du plaisir : le plaisir ne fait pas le bonheur alors que le bonheur optimise et augmente considérablement l'accès au plaisir.

Ce n'est pas la famille qui fait le bonheur mais le bonheur qui favorise le plaisir familial : lorsqu'on est équilibré et serein dans sa relation avec soi-même, on est ouvert aux autres, à l'autre, on est disponible à une relation forte, riche, engageante, on peut accéder au plaisir de fonder et de vivre une famille. Si en revanche on est agressif, anxieux ou déprimé, si on compte sur une relation amoureuse ou familiale pour résoudre ce qui est en fait un conflit interne, on ne fait souvent que renforcer encore son malheur, et on le diffuse autour de soi.

Ce n'est pas le travail qui fait le bonheur mais le bonheur qui rend le travail constructif et intéressant. L'état d'urgence chronique (le malheur) empêche de laisser s'épanouir toutes ses capacités professionnelles, ses envies profondes, de laisser s'exprimer la fantaisie qui fait les carrières réussies, justement dénuées de toute arrière-pensée carriériste. L'état de malheur amène à se replier sur soi ou à être trop agressif, trop exigeant envers soi-même, son employeur, ou son entreprise ; à gâcher les chances qu'offre la vie, les rencontres, les opportunités, à se rigidifier sur ses idées préconçues (qui sont en fait les idées des autres).

Et, de même, *ce n'est pas la santé qui fait le bonheur*, mais le bonheur qui fait la santé. L'état d'urgence de l'instinct, quel qu'il soit, consomme de l'énergie physiologique à mauvais escient. Les taux d'hormones sont perturbés, de même la tension musculaire et les taux de sels minéraux, le sommeil est pénalisé, les flux sanguins modifiés, les articulations soumises à de dures manipulations ou tensions, le système digestif est lui aussi mis à l'épreuve, et tout ceci ne peut pas ne pas altérer le fonctionnement de l'organisme. La plupart des maladies fonctionnelles trouvent leur origine dans le malheur, c'est-à-dire dans les états d'urgence chroniques. Les maladies fonctionnelles débouchent elles-mêmes presque toujours sur des maladies « organiques » qui peuvent avoir un réel caractère de gravité.

A l'inverse, l'état de bonheur favorise la mobilisation physiologique des défenses naturelles et donc le maintien de l'état de santé ou le retour à l'état de santé. Si on veut être en bonne santé, il faut essentiellement cultiver son bonheur. Le bonheur permet la pleine conscience de ses besoins physiologiques : quand on est heureux, on ressent le besoin ou l'envie de marcher, de prendre l'air, de faire du sport, de bien manger ou de moins manger, de respirer l'air des personnes qu'on aime, alors que le malheur anesthésie la sensation de ces besoins essentiels. Avec le bonheur, on s'ouvre aux autres, on devient disponible, on accepte son corps. Alors tout devient santé, même ses petits ou ses gros bobos que l'on traite avec amour et respect, et non avec dépit et colère.

Lorsque le bonheur est inaccessible parce que occulté par l'état d'urgence chronique, on a le besoin de trouver une compensation dans le plaisir, gratification de niveau inférieur mais qui peut tromper la conscience en lui faisant croire que tout va bien. Bien sûr, c'est un leurre, on ne peut pas avoir plus de plaisir qu'il n'y a de besoins physiologiques à assouvir : on ne peut pas avoir plus faim que faim simplement pour le plaisir de manger, on ne peut pas avoir plus soif que soif simplement pour le plaisir de boire, etc. Alors, pour pallier le manque de bonheur, l'organisme invente des plaisirs « artificiels » : on peut « s'exciter » avec du sucre, du chocolat, du café, ou avec le jeu, on peut se « défoncer » dans le travail (ce que les Anglo-Saxons appellent *workaholism*), on peut se défouler dans le sport ou dans l'alcool, on peut aussi avoir recours aux anxiolytiques ou aux tranquillisants, voire à d'autres drogues. En tout état de cause, cette recherche de plaisir à tout prix, même au prix de sa vie, ne fait que représenter et exprimer un manque de bonheur. Lorsqu'on n'est pas heureux, ou pas assez heureux, on cherche une compensation dans le plaisir. C'est un miroir aux alouettes : plus on recherche le plaisir, moins on a de bonheur, puisque l'on s'écarte de soi-même. Le manque de bonheur est une *maladie chronique* qui se traduit par la recherche, permanente et usante, du plaisir.

C'est le même mécanisme qui aboutit à ce qu'on appelle *l'égoïsme*. Si on est en état de bonheur, on s'ouvre naturellement aux autres, « physiologiquement », sans se forcer. Si on ne l'est pas, on va chercher à compenser ce qu'on ne se donne pas à soi-même par de multiples apports extérieurs. On va donner l'impression de ne pas penser aux autres, alors qu'en fait on est bloqué dans l'expression de soi par un conditionnement. L'épanouissement n'est pas possible, alors on essaie de compenser avec du plaisir. On appelle égoïste quelqu'un qui donne l'impression de chercher son propre plaisir par-dessus tout, et qui ne « pense qu'à lui », alors que paradoxalement *cet individu se refuse l'essentiel*, sans le savoir, du fait d'un ou de plusieurs blocages réflexes. Et sa boulimie de petits plaisirs ne sera jamais satisfaite ni satisfaisante, puisque, comme toute drogue, elle ne remplacera jamais le bonheur qu'il ne se donne pas.

C'est ainsi que *la recherche du plaisir mène au malheur, tandis que la recherche du bonheur augmente le plaisir*. En tout cas le plaisir physiologique reptilien, car le bonheur provoque un état plus propice à en savourer les délices : il est beaucoup plus agréable de bien manger lorsqu'on ne souffre d'aucune anxiété, agressivité ou tristesse, et la digestion s'en trouve grandement améliorée, ainsi que l'assimilation.

Autre distinction intéressante entre plaisir et bonheur : *le bonheur a vocation à durer, le plaisir non*. Le bonheur se maintient tant que le néocortex est au pouvoir sous la vigilance de la conscience. C'est pourquoi la vigilance est nécessaire au bonheur. Il n'y a pas de bonheur insouciant, et encore moins inconscient. Le plaisir, lui, qu'il soit reptilien ou limbique, est une gratification passagère qui dure seulement le temps d'assouvir un besoin physiologique ou un état d'urgence, ou d'accomplir un programme automatique inné ou acquis. C'est pour cela que la recherche systématique du plaisir est frustrante : dès l'objectif atteint, le plaisir retombe. On croyait que le bonheur dépendait de telle acquisition (maison, voiture...), de telle victoire (scolaire, sportive, professionnelle), de tel statut (être accepté[e] par tel groupe social, être considéré[e], envié[e]), et on se rend compte que tous ces objectifs n'étaient que des leurres destinés à faire exécuter des programmes conditionnés.

Cette relation entre bonheur et plaisir est au cœur de toute la réflexion philosophique et politique. Elle est complexe, comme l'ensemble de la biologie, mais pas davantage, et les grands pays de ce monde seraient bien avisés d'investir dans d'importants programmes de recherche scientifique pour mieux la comprendre. Ce serait certainement le meilleur investissement pour préserver et consolider la paix dans le monde. La meilleure arme de la paix, c'est la connaissance du cerveau humain.

Attention aux émotions, ce sont des sirènes dangereuses

Le bonheur, c'est ce qui reste quand on a supprimé les émotions pathologiques (anxiété, agressivité, tristesse). Et nous savons maintenant que c'est – relativement – simple. Si la motivation est forte, ce n'est plus qu'une question de travail, et de temps. Cependant le chemin est parsemé de pièges dont l'un des plus redoutables est l'attrait de ces émotions, qui forment ce que j'appelle le malheur.

Notre culture se complaît dans les larmes, dans la colère, dans l'esprit de compétition, dans l'agitation anxieuse. D'autant plus que la culture est généralement fabriquée et diffusée à partir des villes capitales qui sont particulièrement « émotionnelles ». C'est généralement ce qui en fait l'attrait pour les jeunes générations qui ne savent pas ce qu'est le bonheur, et qui lui préfèrent l'émotion, cette émotion qui leur donne l'impression de « vivre »... On y trouve du stress, qui excite les états d'urgence et font baigner ces villes dans un flot d'agressivité, de peur et de dépression. Cela, tout le monde, ou presque, le sait. Et l'on sait aussi que ces émotions, si pénibles soient-elles (elles ne le sont pas trop si on peut les assouvir), sont comme une drogue pour la personne, qui a toujours peur d'en manquer : un New-Yorkais ne voudrait pour rien au monde aller vivre à Albuquerque, ni un Parisien à Nantes, en dehors d'une forte motivation, professionnelle ou affective.

Si nous expliquons à Christiane que son bonheur est accessible et disponible au fond d'elle-même à condition d'en chasser les émotions, sa réaction de rejet est immédiate : « Mais comment pourrais-je vivre sans mes émotions ? C'est ma nourriture quotidienne, c'est ce qui donne à ma vie toute sa saveur. Bien sûr, ce n'est pas tous les jours très drôle, mais la vie n'a pas de raison d'être toujours drôle. Sinon, ça se saurait ! »

Ces émotions sont tellement recherchées qu'on va même jusqu'à les cultiver : on va lire des livres ou voir des films qui font pleurer, on va vibrer dans les stades pour exciter son agressivité, ou dans les cirques pour exalter sa peur. Ces *émotions* ne sont pas vécues comme des *alternatives au bonheur*, mais au contraire sont souvent présentées comme des *marques indispensables de la vie belle et bonne.* « Sans elles, la vie serait d'une fadeur mortelle. »

Ce contresens est très lourd de conséquences puisque au lieu de trouver le bonheur, *on cultive son malheur.* La cause en est la non-distinction entre plaisir et bonheur. Ici, il y a en outre confusion entre l'émotion et son assouvissement : on crée plus ou moins artificiellement et volontairement un état d'urgence, simplement pour trouver du plaisir à son assouvissement :

– il est assez plaisant en effet d'être en colère, *mais à condition* seulement de pouvoir crier ou de pouvoir se battre contre quelqu'un. Et c'est ce plaisir de l'assouvissement qu'on va rechercher dans l'émotion de lutte ;

– de même, il est plaisant d'être en fuite, mais *à condition* seulement de pouvoir courir, s'agiter, ou rire ; et c'est bien sûr amusant d'avoir peur si on peut très vite être rassuré (« Chéri, fais-moi peur ! ») ;
– enfin, on peut ressentir un certain plaisir à la tristesse *si* on a la possibilité de pleurer, de s'épancher.

Ces situations peuvent se résumer à l'histoire du fou qui se tape sur la tête pour le plaisir qu'il obtient quand il s'arrête. Ou plus poétiquement à la pratique de Montaigne qui se faisait réveiller la nuit pour le plaisir de pouvoir se rendormir.

Toutes ces confusions ne seraient pas bien graves s'il ne s'agissait que de trouver le plaisir à la place du bonheur. Or les *émotions d'urgence* peuvent devenir vraiment *douloureuses*, ou très douloureuses, si leur assouvissement n'est pas possible. Tellement douloureuses qu'on peut en mourir. Ceci est bien illustré par l'expérience de Laborit mise en film par Alain Resnais dans *Mon oncle d'Amérique* : si un rat est rendu agressif par un courant électrique permanent, et qu'on met un autre rat dans la cage, il peut exprimer son agressivité dans la lutte et les deux rats se portent bien. Si, en revanche, on laisse le rat tout seul dans sa cage, alors il dépérit et meurt. Rien n'est pire en effet que de *ne pas pouvoir* ou de ne pas *savoir exprimer ses émotions*. Or il est des situations où cette expression n'est pas possible (voir l'exemple du rat), et il existe en outre des conditionnements (des interdits) qui empêchent d'exprimer telle ou telle catégorie d'émotions. Ce qui aurait pu être un plaisir devient alors une grande souffrance qui, le cas échéant, peut perdurer tout au long de la vie, voire contribuer à l'abréger.

Aujourd'hui, les rencontres sportives permettent de faire monter artificiellement des émotions et par la même occasion de les assouvir, personnellement ou par joueurs interposés (ce n'est pas nouveau : *panem, vinem et circenses*, déjà du temps des Romains, les jeux – qui d'ailleurs n'en étaient pas – étaient ressentis comme une nourriture indispensable au peuple). On développe une agressivité artificielle fondée sur l'instinct grégaire de compétition et de hiérarchie, on fait monter cette agressivité aux niveaux les plus élevés possible, et puis on défoule cette agressivité sur les terrains, mais surtout dans les tribunes, devant la télévision, en famille, ou au bistrot, voire dans l'entreprise.

De façon moins spectaculaire, le théâtre, le cinéma ou la littérature remplissent la même fonction : développer artificiellement des émotions en donnant la possibilité de les assouvir. Que va-t-on en effet y chercher ? Du sang, des larmes, de la peur. En fait des plaisirs de compensation, où l'intelligence reste bien souvent passive, alors que le limbique est aux commandes et renforce son pouvoir et ses croyances. Les scénarios sont bien souvent les mêmes, parce que les conditionnements – que l'intelligence réprouve – sont relativement peu nombreux et très largement répandus. Leur stimulation génère un état d'urgence et l'émotion qui en résulte peut donner lieu à un exutoire dans le scénario du film, de la pièce ou du roman. Par exemple une scène de violence « révoltante » (pour le cerveau limbique, parce que pour le néocortex, il n'y a rien qui puisse être « révoltant », il y a des choses à éviter, ou à supprimer, ou à compenser, l'homme est loin d'être parfait, et ce n'est que le développement du bonheur, donc de l'acceptation de soi, qui fera peu à peu tomber la violence, comme la peur, comme la dépression, etc.) déclenche l'agressivité du spectateur par l'entremise de ses propres conditionnements, et l'on fait ensuite assouvir cette agressivité par l'acteur, le héros, Superman ou Rambo, dans lequel s'incarne le spectateur ou le lecteur pour un assouvissement virtuel.

Avec le thème du prince charmant généralement plus recherché par les jeunes femmes, on invite le spectateur-acteur à vivre une grande passion pleine d'embûches qui aboutissent à une conclusion merveilleuse, renforçant ainsi la vision romantique (conditionnement culturel) de la relation amoureuse ; et rendant ainsi encore plus difficile la possibilité pour l'individu d'accéder à une relation amoureuse plus physiologique, plus naturelle, plus nourrissante, plus créatrice et renforçant le bonheur.

La fin heureuse des films ou des romans, le célèbre *happy end* si astucieusement traité dans le film *The Player*, est une double nécessité pour le cerveau limbique qui, premièrement, ne va voir que les films qui entrent dans ses croyances pour mieux les renforcer (donc pour qu'un film ou un roman ait du succès, il faut en passer par là), et qui, deuxièmement, ne peut mémoriser comme conditionnement que ce qui donne du plaisir, ce qui précisément se termine bien. Une fin malheureuse le désoriente, et redonne ipso facto le pouvoir au néocortex qui va débrancher le système. Si on veut que le cerveau limbique renforce sa croyance sur l'héroïsme ou sur le courage, ou sur l'amour romantique, il faut que la fin soit heureuse. Chacun y trouve son compte : le spectateur qui vient chercher un plaisir d'assouvissement d'urgence et ainsi renforcer ses croyances conditionnées, et l'autorité culturelle ou politique qui peut, par ce moyen, renforcer l'adhésion collective à une croyance donnée, en l'occurrence l'importance ou la nécessité du courage, pour maintenir l'ordre et permettre le bonheur social.

Bien entendu les films qui ont le plus de succès sont ceux qui à la fois multiplient à l'envi le type et le nombre d'états d'urgence provoqués et assouvis, et qui en même temps respectent un certain quota de « néocorticalité », c'est-à-dire de vraisemblance et d'enrichissement néocortical. Le développement doit toujours respecter la même progression pour provoquer le plaisir : stimulus qui réveille le conditionnement, puis assouvissement de l'état d'urgence correspondant, et ainsi renforcement du conditionnement. On reproduit exactement les expériences de Pavlov, où il faisait sonner la cloche qui entraînait la salivation du chien, avant de lui donner à manger.

Les films correspondent à des programmes limbiques existants, mais ils contribuent également au dressage des jeunes par des mécanismes de type publicitaire. Chaque culture doit rester vigilante et se protéger de l'envahissement possible par une autre culture par le biais des romans, des films, des séries, des bandes dessinées. Aujourd'hui, la meilleure façon de développer son territoire, d'annexer les autres pays, ce n'est plus la guerre militaire, c'est la guerre économique et culturelle. L'idéal est d'infiltrer des conditionnements publicitaires et/ou culturels depuis l'enfance, ce que réussissent parfaitement les Américains. Ils sont parvenus, de façon

Le chemin du bonheur 59

quasi non violente, à travers *Mickey*, *Donald*, *Rintintin*, *Autant en emporte le vent*, *Ben Hur*, *Rambo*, *Star Wars*, etc., à imposer leur culture à la plus grande partie de l'humanité, et en particulier à l'Europe. L'enjeu étant, derrière ce paravent culturel de croyances et de plaisirs anodins, d'imposer aussi bien leurs produits que leurs visions politiques. Les Américains ont tellement bien compris le mécanisme qu'ils ne se laissent pas eux-mêmes infiltrer : les bons films étrangers sont systématiquement réécrits et refilmés, en conservant le même scénario, mais en corrigeant tout ce qui ne s'inscrit pas dans leurs croyances culturellement correctes.

La connaissance des processus mentaux qui sont en œuvre permettra peut-être mieux à chaque pays de protéger sa propre culture, ses propres croyances, en privilégiant celles qui ne donnent pas lieu à des émotions, c'est-à-dire celles que l'intelligence ne réprouve pas.

Certains romans ou films, heureusement, favorisent ou facilitent le déconditionnement en excitant la vigilance de notre conscience, en déroutant le cerveau limbique et en faisant travailler le néocortex. C'est l'art de l'inattendu, du choquant, du mélange des genres, de la rupture des habitudes, qu'elles soient visuelles, affectives ou intellectuelles. Nous sentons bien que nous arrivons peu à peu à l'ère du néocortex, car le XXe siècle est – relativement – riche de cet art décalé et décapant. Nourrissons-nous-en avec délectation, c'est une excellente prévention ou cure contre la culture limbique (et il s'agit là d'une des très grandes richesses de l'Europe) : Jacques Prévert, Boris Vian pour la poésie, Bertrand Blier pour le cinéma, Picasso ou Dali pour la peinture, Messiaen pour la musique, dans chaque domaine de la culture et de l'environnement, nous pouvons trouver de prestigieux moniteurs de « gymnastique néocorticale », nécessaire à notre bonheur.

Toutes les émotions sont-elles vraiment pathologiques ?

La *joie* par exemple est-elle une émotion ? On pourrait tout d'abord penser que non. Eh bien, si. La peur pousse à courir, la colère pousse à combattre, l'abattement pousse à se coller au sol comme un mort, la joie pousse à rire. C'est l'antichambre du rire.

Et le *rire* ? Le rire est l'assouvissement d'un état d'urgence. On rit comme on se met en colère ou comme on verse des pleurs. Quand on s'y laisse aller, on se défoule, ça fait du bien. Le rire traduit une gêne, donc un état de fuite : au lieu de fuir ou de se laisser aller à la peur, au malaise, on explose de rire.

Le rire correspond au défoulement d'un état d'urgence issu d'un interdit social : censures de l'enfance (du genre « pipi-caca »), ou remise en cause de l'ordre établi (attaques contre l'autorité hiérarchique, contre l'organisation sociale ou familiale). Le rire suppose l'existence d'une convention sociale un peu pesante. C'est une alternative à l'indignation, à la colère, une soupape de sécurité. D'où son utilisation sociale ou politique. Certains comiques commencent par nous agacer (installation de la gêne propre à l'état de fuite) avant de nous faire franchement

Le chemin du bonheur

rire (assouvissement de l'état de fuite). Il se produit alors un lâcher-prise interne à soi-même, et l'on se met à accepter une partie de soi que l'on censurait jusque-là. Le déconditionnement peut faciliter le rire et le rire peut faciliter le déconditionnement.

C'est pour cela que le rire peut être thérapeutique. A la fois par le défoulement qu'il entraîne, le relâchement des tensions neuromusculaires nées d'une trop grande acceptation des contraintes sociales ; et aussi pour le recul qu'il permet sur certaines croyances limbiques, sur l'adhésion inconsciente à certains dogmes.

Le rire est une bonne façon de s'entraîner à ne pas prendre les choses trop au sérieux : la dramatisation est propice au système limbique alors que le néocortex se trouve mieux dans une atmosphère détendue à laquelle il contribue d'ailleurs beaucoup. S'entraîner à pouvoir rire ou à sourire de tout est une excellente gymnastique du bonheur.

Le sourire présente deux aspects différents : il peut être soit un sous-rire, le ton au-dessous du rire, et c'est alors l'expression d'une petite gêne que l'on accepte avec amusement, soit un signe d'amour, d'attendrissement, une sorte de caresse adressée au regard et qui traduit l'ouverture et la complicité. Se sourire à soi-même, c'est sourire à la vie. Le bonheur est le sourire de la vie.

Qu'en est-il des autres émotions ? En fait, elles se rattachent toutes aux trois principales (peur-anxiété, colère-agressivité et abattement-tristesse), et elles sont toutes pathologiques, c'est-à-dire qu'elles correspondent

toutes à un désaccord entre intelligence personnelle et conditionnements. On peut les classer dans les trois « familles » correspondantes :
— les émotions de *fuite* (peur et anxiété), où l'on trouve non seulement la stupeur et l'effroi qui ne représentent que des variations d'intensité de la même émotion, mais aussi la gêne, la timidité, la honte, le sentiment de ridicule, l'agitation, la fébrilité, l'excitation, la surexcitation, la nervosité, l'impatience, la confusion, l'exubérance, la gaieté, l'euphorie, qui traduisent toutes une pulsion de fuite. Les situations qui provoquent ces réactions comportementales stimulent un conditionnement inné ou acquis qui pousse à fuir la situation. Par exemple exposer sa nudité, pour un jeune Occidental, suscite souvent cette réaction, avec à la clé un commentaire moralisant du style « ça ne se fait pas », « je ne dois pas », ou « qu'est-ce qu'ils vont penser ? ». Toutes les situations qui mettent en péril son image ou son statut social, c'est-à-dire l'acceptabilité par les autres de sa propre personne, provoquent ces symptômes ;
— les émotions de *lutte* (colère et agressivité), avec bien sûr l'emportement, la véhémence, l'agacement, l'exaspération, l'amertume, la consternation, la rage, qui représentent surtout des variations d'intensité et de style, mais aussi la rancœur qui exprime en plus une notion de revanche à prendre, la jalousie, où se rajoute la notion d'appropriation ; l'impétuosité, la fougue, la passion, l'enthousiasme, l'ardeur, traditionnellement sont davantage associés au normal qu'au pathologique, et témoignent d'une jeunesse de caractère affichée souvent comme une vertu. Et pourtant ce sont des états d'urgence

qui montrent l'existence d'un conflit interne. Le stimulus externe peut être une mise en cause de sa propre valeur, de sa capacité physique ou intellectuelle, de son pouvoir de séduction, de sa position hiérarchique dans la société (professionnelle ou personnelle). On n'est pas suffisamment convaincu de sa valeur personnelle et on a besoin de la voir confirmer (« tu me prends pour qui ? », « tu m'as trompé », « tu te fiches de moi », « je vais vous montrer de quoi je suis capable »...). Ces réactions traduisent en fait l'insuffisance de confiance dans ses propres capacités, d'où conflit avec l'intelligence ;

– les symptômes d'*inhibition* (abattement et tristesse) : la mélancolie, la nostalgie, le chagrin, la peine, le dépit, le désespoir, mais aussi l'admiration (on admire chez les autres ce que l'on ne sait pas découvrir en soi-même, mais le seul fait qu'on admire une qualité ou un talent signifie qu'on la ou le possède) ; de même pour la fascination ou l'adoration qui en sont dérivées ; mais également la sensation d'ennui qui est toujours pathologique, quelle que soit la situation. Il s'agit généralement de situations qui font ressortir un manque de confiance dans la vie, dans ses capacités personnelles à faire face, à trouver la solution, à trouver d'autres compagnons, d'autres attraits à l'existence. On est a priori persuadé de sa non-valeur, et convaincu que le passé est plutôt mieux que l'avenir. D'où, là encore, un conflit avec l'intelligence qui ne peut approuver de telles pensées irrationnelles.

Toutes les émotions sont des manifestations diverses de conditionnements innés ou acquis avec lesquels notre intelligence n'est pas d'accord et qu'il faudrait réviser.

Toutes ces émotions sont pathologiques. Même l'amour romantique avec son cortège de passion (lutte) et de tristesse (inhibition), voire de jalousie (fuite), est totalement dans le domaine de la pathologie. L'attirance sexuelle n'est pas pathologique, mais ce n'est pas non plus une émotion, il s'agit de l'expression normale d'un désir, comme la faim et la soif.

Toutes les émotions rendent la vie difficile et pénible. Lorsqu'elles diminuent d'intensité sous l'action de la réflexion et du déconditionnement, la vie n'est pas moins belle, au contraire, le plaisir de l'assouvissement des émotions ou des états d'urgence cède la place aux plaisirs physiques des sens et, surtout, au bonheur.

En résumé, sachons faire la distinction entre :

– les émotions *aiguës* ou *chroniques* (peur, colère, abattement, et toutes celles qui s'y rattachent), qui sont des alarmes plus ou moins douloureuses (selon qu'elles peuvent être assouvies ou non) déclenchées par le cerveau reptilien en cas de danger pour la survie de l'individu ou de l'espèce. Le danger peut être externe, mais aussi interne (désaccord entre le limbique et le néocortex, entre la personnalité profonde de l'individu et le produit de son « dressage » culturel ou familial) ;

– et l'*assouvissement des émotions* qui provoque certes un plaisir réel, mais à condition de pouvoir se réaliser. Et malheureusement ce plaisir est souvent confondu avec le bonheur.

Il n'est pas aisé, même si l'on connaît la distinction entre plaisir et bonheur, de bien faire la différence entre une personne heureuse et une personne en urgence compensée.

Par exemple le « lutteur » qui gagne aura l'impression d'être parfaitement heureux ; on ne pourra déceler son malheur (c'est-à-dire l'opposition de son néocortex à telle ou telle de ses croyances programmées) que s'il perd. On dira qu'il est mauvais joueur. En réalité, il est seulement en lutte. Souvent, les personnes douées d'autorité semblent parfaitement équilibrées et heureuses. Elles sont seulement en possession d'un pouvoir qui nourrit leurs programmes limbiques et assouvit leur émotion d'agressivité. Ce qu'on appelle l'esprit de compétition est en fait l'habillage de l'agressivité dans un mode de comportement socialement correct. Rien à voir avec le bonheur.

De même, une personne anxieuse qui peut se défouler dans l'hyperactivité donnera l'impression, superficiellement, d'être heureuse. Mais il suffira d'un incident pour la plonger dans l'angoisse, ou bien les nuits lui seront particulièrement pénibles et elle devra utiliser des anxiolytiques ou des somnifères.

Même les « inhibés » peuvent donner le change et faire croire qu'ils sont heureux à condition qu'on les laisse tranquilles ; en fait ils sont bridés par rapport à leur pulsion profonde, mais ils ne s'en rendent plus toujours compte et semblent se contenter d'une vie très protégée. Si cette protection disparaît, ils sombrent dans la dépression.

Alors, attention à l'émotion qui se cache derrière son assouvissement : l'agressivité qui se bat pour de nobles causes, l'anxiété qui s'active dans le domaine social ou professionnel, la déprime qui se retranche derrière une fausse tranquillité.

Autre barrière au bonheur, les émotions sont généralement considérées comme incontournables, naturelles, physiologiques. Par exemple, on va trouver normal d'être agressif dans certains cas, quand on voit des choses « révoltantes » par exemple. Alors que ce n'est pas normal mais pathologique. Si des événements ou des comportements engendrent notre colère, c'est seulement le fait d'un de nos conditionnements qui se déclenche malgré le désaccord de notre intelligence. Nous pourrions très bien nous insurger sur le fond, sans pour autant être en colère. Nous pouvons mettre en œuvre des actions adaptées et éventuellement soulever des montagnes pour tenter de faire cesser ce qu'il nous apparaît nécessaire et possible de faire cesser.

Nous ne sommes pas *obligés* d'être agressifs. Par exemple, l'association Handicap international mène un combat mondial à l'heure actuelle pour la suppression de l'utilisation militaire et surtout de la commercialisation des mines antipersonnel qui explosent en des milliers de petits morceaux et provoquent ainsi des dégâts monstrueux chez les militaires et les civils, et souvent les enfants, très longtemps après la fin de chaque guerre. Ce problème suscite facilement la passion, l'indignation, la colère. Et pourtant, toutes ces émotions sont pathologiques, et proviennent de pensées avec lesquelles notre intelligence n'est pas d'accord. Ce qui ne veut pas dire, bien sûr, que notre intelligence agrée l'usage de ces bombes. Non, c'est seulement la colère qui est de trop, pas le rejet de ces bombes. Et nous pouvons très bien mener un vrai combat néocortical, avec amour et sans passion, pour aboutir à l'exclusion de ces engins, si notre intelligence nous dicte ce projet. D'ailleurs, la seule façon d'éliminer la guerre, c'est de supprimer la colère !

Il peut paraître au début difficile, impossible ou même immoral d'éviter l'émotion, que ce soit la colère, la peur, ou l'abattement dans certaines situations. Nous allons donc prendre quelques exemples.

Retrouvons Philippe aux prises avec une situation désagréable : un individu lui marche sur les pieds, alors qu'il était tranquillement en train de faire son marché. Et voici tout à coup Philippe en proie à une série d'émotions réactionnelles entre lesquelles il est tiraillé. En fait, il a la possibilité d'adopter quatre attitudes différentes, dont trois sont pathologiques.

La première, c'est la colère : il frappe l'importun, il fulmine intérieurement, ou il rouspète de façon agressive : « Enfin quoi, vous ne pourriez pas faire attention où vous mettez les pieds ? » Il est alors convaincu dans son « système de valeurs » que « ce mal élevé doit être mouché » ; « sinon, où va-t-on, et puis, c'est une question d'honneur : il ne faut jamais accepter de se laisser marcher sur les pieds sans réagir ». On reconnaît l'état de lutte, état d'urgence qui témoigne d'un désaccord de l'intelligence de Philippe sur son « système de valeurs », en fait système de conditionnements.

Autre possibilité, l'état de fuite. Philippe a subitement peur. Il a mal aux pieds, certes, mais ce qui le fait le plus souffrir c'est sa peur. Peur d'affronter l'agressivité ou la méchanceté d'un voyou qui pourrait éventuellement le faire exprès pour le provoquer ; peur de ne pas savoir comment se comporter correctement, trouver la bonne attitude, comment dire les choses sans passer pour un paranoïaque ni pour un naïf. Peur de vexer cette personne qui, après tout, ne le fait peut-être pas exprès ? Peur d'avoir peur ; peur de passer pour un lâche. Peu importe en fait la nature de l'alibi sur lequel se fixe la peur. Il a peur, et donc il a envie de fuir cet endroit le plus vite possible.

Troisième émotion possible, tout aussi pathologique, l'inhibition : Philippe est abattu et triste devant ce qu'il prend pour la preuve de son insignifiance. S'il avait su, il serait resté chez lui où il était si bien, de toute façon il est toujours incapable de faire face à ce genre de situation, il est incapable de faire preuve de courage, etc. Et il attend que ça passe, que la personne qui lui écrase les pieds veuille bien retirer les siens, en espérant que les choses en resteront là. « Il n'y a à l'évidence rien d'autre à faire dans ce genre de situation... »

Alors, quelle est l'attitude physiologique, celle qui permettrait à Philippe de rester heureux alors même qu'on lui marche sur les pieds ? Admettons tout d'abord que son premier réflexe puisse ou même doive être l'un ou l'autre de ces états d'urgence. Après tout, il se peut qu'il y ait danger effectif quand on se fait marcher sur les pieds. Mais tout de suite après, dans la seconde ou presque, l'intelligence doit prendre le relais et analyser la situation. La personne qui lui marche sur les pieds le fait-elle exprès, et si oui, dans quel but ? Si c'est par inadvertance, comment le lui signaler ? Quels sont les risques réels que prendrait Philippe en agissant de telle ou telle façon ? Et, après avoir réfléchi, il doit agir, clairement, dans le sens qu'il aura décidé : soit il part sans rien dire, en évitant le contact et en retirant seulement ses pieds, soit il accepte la confrontation parce qu'il aura estimé qu'elle est la forme la plus intelligente d'action. Mais sans agressivité. Un conflit néocortical sans émotion. Rappelons qu'il n'est pas nécessaire de ressentir de la colère pour combattre quelqu'un ou quelque chose, ni de la peur pour fuir une situation, ni de l'abattement pour laisser se dérouler une action sans intervenir.

En fait, les états d'urgence, et les émotions qui leur sont associées, sont des réactions très adaptées à des situations de danger physique comme en connaissent les animaux dans la jungle ou dans le désert. C'est-à-dire essentiellement l'agression par un autre animal. Ces réactions sont ultra-rapides et permettent alors de sauver sa vie. Mais s'il s'agit, pour un combat, une course de fuite, ou un effacement stratégique, de mettre en œuvre l'intelligence pour ruser, ou les capacités physiques dans une technique apprise, il vaut mieux alors ne pas être en urgence. Il vaut mieux avoir « toute sa tête », c'est-à-dire avoir la participation active du néocortex.

Pour trouver et conserver le bonheur, il convient donc d'apprendre à nous méfier de notre culture qui vénère les émotions d'urgence comme de véritables veaux d'or. Elles sont parées des plus belles vertus : la colère serait un signe d'indépendance et de virilité, d'authenticité, voire de patriotisme. L'agressivité marquerait la vigueur et le courage, d'où son exploitation dans le domaine sportif, en économie, ou en politique. La peur serait bonne conseillère, elle est prônée par ceux qui ont le pouvoir : les gouvernements, les religions, les parents, les publicitaires. Ils cultivent la peur pour mieux asseoir leur rôle protecteur. L'abattement, la tristesse, la déprime, c'est-à-dire l'inhibition d'action, jouissent d'une moins bonne presse que les deux autres états d'urgence dans notre culture combattante ou sécuritaire. Sauf dans le domaine des sentiments. C'est le règne de l'amour romantique, amour grandi et renforcé par la souffrance de l'attente ou de la déception. L'humanité a entériné le mode réactionnel dépressif comme signe de la douceur et de l'abnégation, de la générosité, de la bonté. C'est ainsi le domaine du féminin mythique dans toute sa splendeur fragile et généreuse. C'est la représentation traditionnelle de la condition maternelle.

Il s'agit là des stéréotypes d'un modèle animal que nous continuons de respecter plus ou moins consciemment. Chaque membre de la meute ou de la famille est doté de son attribut comportemental : au mâle l'agressivité, à la femelle la tristesse et la déprime, et la peur est le royaume de l'enfant. Ces états d'urgence sont en fait des jeux de société, des jeux de rôles : si l'enfant mime la peur, c'est pour mieux solliciter la protection maternelle ou paternelle ; si le mâle mime l'agressivité, c'est pour mieux décourager le rival ou l'agresseur, et pour attirer la femelle admirative ; et si la femelle mime l'inhibition, c'est pour encourager le mâle à agir à sa place et à la protéger.

Toutes les émotions sont donc non seulement des conséquences de conditionnements inappropriés, mais aussi des résidus de comportements animaux dont la finalité était la survie de l'individu ou de la tribu par une organisation hiérarchique appropriée.

Evitons de confondre l'agressivité et le choix délibéré de combattre, la peur et la conscience d'un danger, l'inhi-

Le chemin du bonheur

bition dépressive et le laisser-faire intelligent (voir schéma). Mais cette confusion est logique ; nous sortons à peine de l'âge limbique. Plutôt que de regretter cet état de choses, réjouissons-nous de notre entrée dans l'ère néocorticale. *L'avenir de l'homme, c'est le bonheur*: chaque jour, chaque année, chaque siècle rapproche l'homme de son intelligence, lui permettant de mettre un peu plus de distance vis-à-vis de ses conditionnements innés ou acquis. Aujourd'hui, ce qui peut grandement accélérer l'expansion du bonheur sur terre, c'est la compréhension de son mécanisme, et en particulier la prise de conscience du piège que représentent les émotions.

ATTENTION
NE PAS CONFONDRE

LES ÉMOTIONS REPTILIENNES	*et*	LES DÉCISIONS D'ACTION NÉORTICALES
La peur	*et*	La conscience d'un danger La stratégie d'évitement
La colère	*et*	La décision de combattre
L'abattement L'inhibition La déprime	*et*	Le lâcher-prise L'abandon d'un combat

Les émotions sont souvent perçues comme le sel de la vie. Ce qui amène à considérer que le bonheur, c'est la tranquillité, voire l'ennui. Au contraire. Etre heureux ne signifie pas rester dans son coin à cuver son bonheur. Le bonheur dont je parle ne nous isole pas de la vie courante, il ne nous met pas à l'abri des problèmes. Le bonheur nous permet au contraire de croquer la vie à belles dents, de nous intéresser à tout, de profiter le mieux possible de nos plaisirs reptiliens et ainsi d'optimiser notre condition physique, de prendre conscience de toutes nos attirances, de nos désirs, d'évaluer, de ressentir et d'exprimer le mieux possible notre personnalité, d'être ouvert aux autres dans une générosité vraie, physiologique, et non pas hypocrite ou bigote, de rayonner de tout notre corps, de tout notre cœur, de toute notre intelligence spécifique.

Repérer les conditionnements pathogènes

On ne *construit* pas son bonheur, on *détruit* ce qui lui fait *obstacle* ou ce qui le recouvre comme une gangue recouvre le minerai (voir schéma).

Le bonheur n'est pas une superstructure qu'on ajouterait à une réalité humaine imparfaite, c'est le fonctionnement physiologique de la personne humaine qui *est* le bonheur. Et le « malheur », c'est la souffrance subjective et pathologique qu'il convient de supprimer pour obtenir l'état de bonheur.

Dans la mesure où le « normal » s'opposerait au

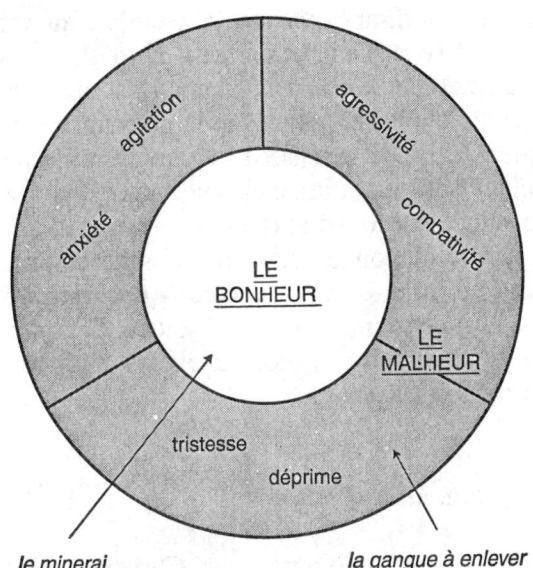

| le minerai | la gangue à enlever |

« pathologique », disons qu'il est normal d'être heureux, tout comme il est normal d'avoir 37° de température ou d'avoir une glycémie de 1 g/l. Malheureusement, nous vivons comme si la normale était une fièvre de 38,5° et nous faisons notre possible pour faire monter la température (émotions). Nous prenons la maladie pour la santé, et inversement. Lorsqu'on s'est rendu compte de sa méprise, lorsqu'on a découvert la maladie grâce à ses symptômes (les émotions), il ne reste plus qu'à mettre en œuvre le traitement. En l'occurrence la suppression ou la révision des conditionnements pathogènes.

Pour les repérer, c'est relativement simple. En effet, l'émotion n'est présente que dès que et tant que le conditionnement incriminé occupe la pensée : au moment même où il se déclenche survient la souffrance qu'on peut détecter de l'extérieur rien qu'en observant les modifications physiologiques de la personne.

Dès que Christiane repense à sa date de naissance, ses traits changent, son attitude change, son rythme respiratoire change, son tonus musculaire change et quand on est en face d'elle, on la voit se transformer en un instant alors qu'elle n'en a pas – encore – conscience. C'est psychique et pourtant, c'est très physique. Si on demande à Christiane ce qui se passe, elle dira probablement : « mais rien, pourquoi ? ».

Les pièges de la souffrance

Autre exemple, toujours avec Christiane. Un jour qu'elle passe subitement en « état d'urgence » sous les yeux de son mari, il essaie de savoir quelle est la pensée qui la fait souffrir, et malgré ses dénégations, il la pousse dans ses derniers retranchements. Elle finit par lui avouer : « Ce que tu viens de dire m'a fait penser à ma mère qui est morte l'année dernière. » Pour elle, il est normal de souffrir à cette pensée.

En fait, elle confond une souffrance *physique* (c'està-dire indépendante de la pensée), celle de la séparation, et une souffrance *psychique* déclenchée par une émotion d'urgence, elle-même issue d'une pensée automatique inappropriée. Deux souffrances distinctes qui doivent conduire à deux stratégies radicalement différentes.

La *souffrance physique* due à la séparation d'avec un

Le chemin du bonheur 75

être cher peut s'apparenter à la perte d'une partie de soi, un membre ou une fonction. Les êtres chers font partie de nous, ils sont en nous et toute perte de contact se traduit par une sensation physique de manque. Sensation plus ou moins douloureuse. Sensation unique, le vide, l'absence. Inutile de chercher à maîtriser cette sensation, elle va et vient à sa guise, elle nous habite. Se forcer à y penser est vain, de même que se forcer à l'oublier. La seule attitude « biologiquement correcte » consiste alors à accepter cette souffrance quand elle est présente, à ne pas ajouter une autre souffrance de fuite, de lutte ou d'inhibition à cette souffrance physique.

Mais Christiane ne sait pas encore tout cela. A côté de sa souffrance physique liée directement à la séparation d'avec sa mère, elle a ajouté une *souffrance psychique* qui, elle, peut être supprimée. Et c'est cette souffrance psychique que l'on peut « voir », sous forme d'agressivité, de tristesse ou d'anxiété. A ce moment-là, dans son cerveau conscient ou subconscient, s'imprime une pensée nuisible.

La souffrance physique n'entraîne pas automatiquement une émotion, un état d'urgence. Elle représente « seulement » un manque, un vide, comme un immense creux dans l'estomac. La souffrance psychique, elle, est l'expression émotionnelle d'un état d'urgence qui montre que Christiane a eu, à un moment donné, une pensée automatique, programmée, conditionnée, mise en œuvre par son cerveau limbique, et avec laquelle son intelligence n'est pas d'accord. Au lieu d'examiner la pensée conditionnée qui lui amène cette émotion douloureuse, Christiane va chercher à assouvir son émotion :

– si elle est en fuite, elle va s'activer sur n'importe quoi de façon un peu frénétique ;
– si elle est en lutte, elle va chercher une mauvaise querelle pour éponger son agressivité ;
– si elle est en inhibition, elle va « cuver » sa tristesse en se disant que la vie est parfois bien difficile à vivre.

L'expression et l'assouvissement de ces émotions auront à ses yeux le mérite de lui faire oublier sa souffrance physique et de lui procurer un petit plaisir, celui de l'assouvissement. Mais ce faisant, elle s'écarte encore de son bonheur qui consiste non seulement à se méfier des émotions, mais également à être à l'écoute et en acceptation de toutes ses sensations, qu'elles soient agréables ou non. La souffrance physique en fait partie. L'état de bonheur consiste et conduit à *accepter cette souffrance*, à l'aimer comme une partie de soi, à lui ouvrir les bras avec tendresse et confiance.

La souffrance n'est pas un phénomène dû au hasard, c'est un instrument biologique destiné à provoquer une réaction d'évitement par rapport à certaines situations génétiquement programmées comme dangereuses. Cette tension d'évitement est d'autant plus forte et plus désagréable que la situation ou le comportement sont jugés plus dangereux par le cerveau reptilien. C'est l'inverse du désir. Le système de la souffrance est un des principaux instruments du principe de conservation géré par le cerveau reptilien. Que la souffrance soit physique ou psychique, le mécanisme invite de la même façon à l'évitement de la situation : soit sortir sa main du feu, soit tenter de guérir sa maladie, soit assouvir son émotion. La souffrance psychique peut être supprimée à la source en remettant en cause la pensée automatique responsable. Pour ce qui est de la souffrance physique, la seule option est de prendre conscience de cette tension d'évitement, de l'accepter comme une réalité biologique, et de se laisser aller au sein même de la souffrance, sans plus chercher à l'éviter ou à la faire cesser ; une part importante de la souffrance est due à la volonté de fuir cette souffrance ou de la supprimer (voir schéma).

La souffrance physique et la souffrance psychique sont donc différentes et ne sont pas directement liées. Mais la souffrance psychique engendre fréquemment des désordres physiologiques pouvant à leur tour créer des souffrances physiques ; et la souffrance physique génère également des pensées conditionnées que l'intelligence réprouve et qui engendrent à leur tour une souffrance psychique.

Par exemple chez Christiane, quelles sont les pensées qui peuvent bien provoquer un tel état d'urgence ? Et tout d'abord, comment les repérer ? Il faut avoir à l'esprit la différence entre une pensée intelligente et une pensée automatique : la pensée intelligente est souple, complexe, nuancée, ouverte à l'enrichissement ou à la contradiction, elle irradie un sentiment de léger optimisme inconditionnel, alors que la pensée automatique est rigide, elle ne supporte pas la contradiction. Elle est simple voire simpliste, peu nuancée. Elle dégage une forte sensation d'évidence, on a l'impression qu'il n'y a pas d'autre choix possible. La pensée qui est à l'origine de l'émotion est une pensée automatique qui devra donc avoir ces caractéristiques. Mais ce n'est pas parce qu'elle est automatique qu'une pensée est nuisible. Encore

SOUFFRANCE PHYSIQUE	SOUFFRANCE PSYCHIQUE
CAUSE	
• perte d'intégrité physique ou affective • besoin physiologique profond (faim, sommeil, froid, chaud...)	• état d'urgence, c'est-à-dire conflit limbique-néocortex
MANIFESTATIONS	
• douleur plus ou moins profonde • pas d'émotion • dégradation biologique interne peu visible dans l'immédiat	• émotion (anxiété, agressivité, tristesse) avec ses modifications physiologiques associées (rythme cardiaque, tonus musculaire, respiration, fonction digestive...) • immédiatement visible
TRAITEMENT	
• intervention thérapeutique éventuelle • acceptation • partage, ouverture	• acceptation • travail cognitif pour découvrir la ou les pensées coupables à l'origine • dédramatiser • déculpabiliser

faut-il que l'intelligence néocorticale juge dangereuse cette « approximation » réflexe. Le travail de repérage est donc une sorte d'enquête où l'on va se servir de la propriété essentielle et exclusive des pensées nuisibles : elles mettent le système en urgence dès qu'elles surviennent. Urgence ou émotion qui est repérable physiquement, objectivement.

Christiane a pu se dire : « je ne reverrai plus ma mère » ou bien « j'aurais tant voulu lui dire ceci et cela », ou bien encore, « c'est un peu de ma faute si elle est morte, je n'ai pas fait tout ce que j'aurais dû faire », et puis « elle est morte seule et triste », « elle a dû beaucoup souffrir », « elle n'a pas eu une belle vie », etc. Toutes pensées qui apparemment ne sont pas sottes, mais qui, pourtant, ne peuvent pas être acceptées par son intelligence. Par exemple, l'intelligence ne connaît ni la dramatisation ni la culpabilisation qui sont les pièges du cerveau limbique.

Dans ce cas précis, le néocortex de Christiane va développer, en contrepoint de ces pensées limbiques, des propositions interrogatives plutôt que des affirmations péremptoires. En réponse à « je ne la reverrai plus », son intelligence relativisera : « de toute façon, ces derniers temps, je ne la voyais déjà presque plus, et puis peut-être que je la reverrai, après tout, il faudrait que je redéfinisse les bases de ma foi spirituelle » ; puis « elle est encore au fond de moi, là, comme elle l'a toujours été, le temps n'y changera rien » ; puis « à quoi ça sert de me prendre la tête avec l'avenir, je devrais davantage m'efforcer de vivre le présent, qui sait ce qui se passera demain, pourquoi vivre dans la peur ? ».

Donc, pour repérer la pensée conditionnée pathogène, il faut être très attentif : c'est celle qui fait passer Christiane instantanément de l'état de bonheur à l'état d'urgence, de la sérénité à l'émotion. C'est immédiat. L'inverse est vrai aussi et permet une vérification : dès que cette pensée est éliminée, le bonheur revient. Mais attention, tous les conditionnements ne sont pas pathogènes, loin de là. Seuls quelques-uns font souffrir parce qu'ils n'ont pas été « nettoyés » par l'intelligence ; la très grande majorité des programmes limbiques facilitent la vie en se chargeant des besognes répétitives. Un peu comme les machines dans une usine de production : il se peut que certaines soient défectueuses, rendant la production mauvaise. Mais cela ne remet pas en cause l'intérêt des machines en général.

D'autre part, *on ne doit pas confondre pensée nuisible et pensée négative*. Ni, de façon symétrique, pensée positive et pensée néocorticale. La pensée positive, de même que la fameuse méthode Coué, sont des outils de conditionnement, pas de déconditionnement. Le fait de se forcer à voir les choses en rose alors qu'elles ne le sont pas est une cause d'urgence car l'intelligence ne peut pas être d'accord. La pensée positive dit : « Tu ne vas pas tomber. » Le néocortex dit : « Vérifie que tu es bien en accord avec ce que tu envisages de faire, que tu ne vas pas trop vite, que tu es pleinement en accord avec les précautions prises. O.K. ? Tu vis donc bien ta vie et c'est la seule chose qui puisse te rendre heureux. Maintenant, la vie est un risque permanent, il se peut que tu tombes mais si tu veux supprimer ce risque, peut-être vas-tu en prendre un plus grand encore qui est de ne pas vivre ta vie ? » *Méthode Coué et pensée positive s'adressent au cerveau limbique, pas à l'intelligence.* Elles émanent elles-mêmes d'une vision limbique de la vie et de l'univers, selon laquelle il faut « gagner » pour être heureux, où l'essentiel consiste à déterminer des objectifs ambitieux dans la vie et à se dépasser pour les atteindre. La pensée du bonheur, la pensée intelligente est beaucoup plus nuancée. Pour le néocortex, l'esprit de compétition est le fruit d'un conditionnement grégaire qui pousse les hommes et les animaux à se mesurer pour assurer l'ordre hiérarchique social, et le fait de gagner n'a aucun sens pour l'intelligence. Aboutir à un objectif n'est ni bon ni mauvais, c'est un fait, simplement. La fixation d'objectifs revient à fixer une carotte devant son nez comme pour un âne qu'on voudrait faire avancer ; mais nous ne sommes pas des ânes, notre intelligence ne peut que désapprouver de telles méthodes, et le plus souvent, la fixation d'objectifs se traduit par des états d'urgence. C'est d'ailleurs le but de ces méthodes, que de générer une émotion de lutte, comptant sur l'énergie supplémentaire que cette émotion engendre.

La difficulté n'est pas de réviser une pensée inadaptée, c'est de la repérer. Elle est quelquefois bien cachée sous l'aspect d'une « évidence », d'une « réalité ». Le cerveau limbique ne dit pas : « Voici ce que je pense », il dit : « Voici la réalité. » Exemples : « les Noirs sont racistes, » ou « les pommes de terre font grossir, » ou « la spontanéité paie, » ou « la spontanéité se paie, » ou « le temps perdu ne se rattrape jamais », ou « il faut être courageux dans la vie », ou « la vie est une jungle, personne ne fait de cadeaux », etc. Nombre de conversations deviennent animées du fait de ces convictions, ce qui témoigne des états d'urgence qu'elles provoquent. Ce ne sont pas des idées qui sont échangées, ce sont des « certitudes », des « évidences ». D'où les conflits internes. On peut avoir l'impression d'un affrontement entre plusieurs personnes d'avis différents ou opposés, en réalité, on assiste à une série d'affrontements à l'intérieur du cerveau de chaque personne qui est ainsi mise en état d'urgence, et c'est l'émotion produite qui tente de s'assouvir dans l'affrontement collectif, l'idée n'est qu'un alibi.

Une fois qu'on a repéré la pensée nuisible, deux solutions : penser à autre chose, c'est immédiatement efficace mais le répit ne dure qu'un moment, la pensée revient à la première occasion puisqu'elle est automatique, réflexe, et de nouveau, c'est l'état d'urgence. Et puis, même lorsqu'on a cru l'avoir chassée, la mauvaise pensée est souvent encore présente de façon sous-jacente, dans le subconscient, suffisamment parfois pour occasionner un sentiment diffus de malaise. L'autre solution, c'est le travail néocortical de réflexion approfondie qui va détruire définitivement la ou les pensées nuisibles. C'est un peu comme les mauvaises herbes : soit on les coupe, et elles repoussent, soit on les arrache avec leur racine, et c'est définitif.

Pour revenir à Christiane, il ne faut pas que son mari lui impose ses propres idées, c'est son intelligence à elle qui doit définir sa position pour que ses conditionnements disparaissent ou se mettent en harmonie. L'important n'est pas ce que Philippe pense sur la question, mais elle. Le partenaire doit être conscient de son rôle de

Le chemin du bonheur

« maïeutiste », c'est-à-dire d'accoucheur des idées enfermées dans l'intelligence de celui qui travaille. Il faut redonner le pouvoir à la réflexion sur les automatismes et non remplacer une idée toute faite par une autre idée toute faite, fût-ce celle d'un grand sage.

D'où proviennent les pensées automatiques pathogènes ?

Le cerveau limbique ne lâche pas toujours facilement ses conditionnements, qu'ils soient ou non nuisibles. Un conditionnement est « verrouillé » biochimiquement, un peu comme le logiciel d'un ordinateur, pour éviter qu'il ne se débloque trop facilement. Imaginons en effet que, alors que nous descendons l'escalier, notre programme se désagrège. Ce serait la chute assurée. De la même façon, si le logiciel du pilotage automatique d'un avion n'était pas solidement verrouillé, la sécurité des passagers serait sérieusement réduite.

Il faut donc faire travailler sa propre intelligence pour réparer les erreurs de programmation. Bien sûr, il serait apparemment préférable que les pensées automatiques soient soumises à l'intelligence *avant* d'être mises en mémoire. Mais ce n'est pas possible :

– d'une part, une grande partie de ces pensées automatiques émane de notre instinct grégaire, il faut donc apprendre à les reconnaître, à les accepter, pour mieux les remettre en question ;

– et une autre bonne part de ces automatismes nous est transmise durant l'enfance, c'est-à-dire une époque où notre intelligence néocorticale personnelle est encore très embryonnaire. Le cerveau limbique fait alors de son mieux. Il sélectionne tant bien que mal les informations et les sources des programmes. Et il les engloutit en attendant que l'intelligence soit en mesure de prendre le relais et qu'elle révèle en grandissant la vraie personnalité de l'individu. C'est alors le choc de l'adolescence, la rébellion. Apparemment contre ses parents, contre la société, mais en fait contre les conditionnements qui semblent inadaptés à sa propre personnalité. On prend conscience à ce moment que tout ce qu'on a appris est relatif et pas absolu. On en veut à la terre entière d'avoir été « dupé ». C'est ainsi depuis que le monde est monde. Le Bouddha enseignait que son enseignement était limité et que l'élève devait, après avoir tout appris, tout désapprendre en confrontant cet enseignement à sa propre expérience, à sa propre réflexion. C'est exactement ce que chacun de nous devrait faire pour devenir adulte. A un détail près : il n'est pas nécessaire de passer en revue les millions de programmes que nous avons ingérés dans notre enfance. La plupart sont parfaitement adaptés, ou ne nous empêchent pas de vivre notre vie. Ceux-ci, l'intelligence n'a pas besoin de les réviser. Elle ne doit et elle ne veut travailler que sur les conditionnements qui peuvent gêner l'accomplissement du destin de la personne. Quand elle les repère, elle envoie un signal au cerveau reptilien qui alerte la conscience : c'est l'état d'urgence.

– La troisième source des pensées automatiques, ce sont les expériences vécues, l'apprentissage, qui peut

Le chemin du bonheur

aboutir parfois à des impasses, comme le démontre l'exemple suivant.

En passant un jour sous un échafaudage, Philippe a reçu un pot de fleurs, comme dans les bandes dessinées. Il n'a pas pris le temps de décanter intelligemment et consciemment cette expérience douloureuse et il en est résulté un automatisme selon lequel Philippe évite systématiquement les échafaudages. Quelques années plus tard, en évitant machinalement un nouvel échafaudage, Philippe se fait renverser par une voiture, et depuis, il ressent une très forte émotion, une grande anxiété chaque fois qu'il doit marcher dans la rue. Une réflexion suffisante après sa première mésaventure aurait programmé son cerveau limbique non pas à éviter systématiquement les échafaudages, mais à faire attention quand il s'en présente un, c'est-à-dire à utiliser sa capacité d'observation et de réflexion, donc à stopper.

L'expérience vécue est une source de connaissances considérable, elle nourrit à la fois le cerveau de l'intelligence et celui des programmes, à condition toutefois de *prendre le temps d'intégrer l'expérience* dans toute sa dimension pédagogique (nécessité de « prendre le temps de vivre »).

Notre conscience doit être attentive à tout état d'urgence qui traduit presque toujours une censure de notre intelligence sur une pensée conditionnée qu'elle juge inepte ou dangereuse. Dès que la conscience donne le pouvoir au néocortex, il se met au travail et généralement la rectification est immédiate.

Un conditionnement tire tout son pouvoir du fait qu'il passe inaperçu. Il se fait prendre pour la réalité objective.

Dès lors qu'il est démasqué, il est presque déjà mort. L'intelligence fait la réparation immédiatement, le conditionnement est supprimé ou modifié, généralement en intégrant toute la complexité de la problématique que le conditionnement n'avait par nature pas pu intégrer. Parfois, on remplace un conditionnement par une pensée complexe, non conditionnée ; parfois, on remplace un réflexe par un autre réflexe plus adapté, mais dans tous les cas, nous pouvons faire confiance à l'intelligence néocorticale : dès qu'on lui donne le pouvoir, elle travaille vite et bien. Quand on est conditionné, c'est un peu comme si on était dans une chambre avec des volets opaques en plein jour : on a l'impression qu'il fait nuit ; mais dès que l'on comprend que la lumière est derrière les volets, il suffit de les ouvrir, la lumière se fait, et on a compris définitivement le mécanisme.

Certains conditionnements sont ancrés profondément et depuis longtemps dans le cerveau limbique. Ils sont enchevêtrés dans des réseaux de conditionnements qui les consolident en leur donnant une apparence construite, cohérente, logique. Ils ont tendance à se reformer une fois détruits parce que le réseau maillé des autres conditionnements dans lesquels ils sont enchâssés constitue une sorte de filet de pêcheur : tant que l'ensemble des nœuds n'est pas défait, un nœud peut être reformé du fait des autres nœuds autour. Ce qu'il faut alors, c'est du doigté, et du temps. D'abord donner de la souplesse à l'ensemble, regarder tranquillement pour se faire une bonne idée de la situation, et ensuite, commencer à prendre chaque nœud, l'un après l'autre. Sans impatience, puisque l'impatience fait précisément partie de ces nœuds...

Le rôle prééminent de la conscience

Qui décide en nous de tout ce travail ? Qui arbitre ? Qui nous permet de prendre « conscience » de tel ou tel conditionnement ? Qui en nous décide de chercher le bonheur ? De quoi est faite la conscience ? Tout se passe comme si une autre entité, un autre « cerveau » distribuait le travail entre les deux cerveaux qui « pensent ». Est-ce donc un super-néocortex qui arbitre en fonction de paramètres qui nous sont inconnus ? Le physicien Régis Dutheil avançait, quelque temps avant sa mort récente, l'hypothèse très originale et assez séduisante selon laquelle la conscience pourrait être *matérielle*, mais d'une matière « superlumineuse », c'est-à-dire dont les particules pourraient aller plus vite que la vitesse de la lumière ; ce qui lui conférerait des propriétés assez différentes de celles de la matière que nous connaissons. Il tente ainsi de donner un éclairage scientifique à des constats difficiles à expliquer, comme la prémonition ou certaines expériences de vie aux limites de la mort[1] (*Near Death Experiences*, N.D.E.).

Une conscience qui observe et qui décide de pousser chacun d'entre nous à conquérir sa liberté, sa « vraie personnalité ». Personnalité qui dès lors serait constituée de l'organisme aux trois cerveaux et de la conscience.

---

1. *L'Homme superlumineux*, éditions Sand, 1990.

Une conscience qui nous *guide*, individuellement et collectivement, vers plus de bonheur, non pas comme une fin en soi mais plutôt *pour optimiser notre finalité biologique*. Si le bonheur existe, ce n'est pas pour nous donner une « complète satisfaction », une « plénitude ». Cette « gratification » (mot cher à Laborit) d'un niveau supérieur ne peut avoir qu'un but : nous guider dans une voie d'accomplissement vers un destin et dans un dessein qui nous échappent, dont nous sommes les instruments, pas la finalité. Mais pour nous aider dans ce chemin, le bonheur est toujours disponible au fond de nous.

L'impatience au bonheur est d'autant plus forte que la conscience le sent proche. Plus on aspire au bonheur, plus il est à sa portée. Et réciproquement, plus on est éloigné du bonheur, moins on en ressent le besoin, ce qui explique que la quête du bonheur soit relativement récente (quelques siècles), nos ancêtres étaient encore bien trop préoccupés de survie pour s'attarder sur le bonheur. La biologie est bien faite ; sa logique est parfois déroutante dans un premier temps, elle manque terriblement de romantisme, mais elle est prodigieusement pragmatique et efficace.

Braver les « interdits » du bonheur

Il existe des conditionnements d'un type un peu particulier, des blocages qui nous empêchent d'accéder à nous-mêmes, de nous accepter, et comme tous les conditionnements, nous n'en avons pas conscience, nous ne les voyons pas. Nous ne voyons qu'une soi-disant « réalité » :

Le chemin du bonheur

– « je ne serai jamais capable de faire ce genre de chose » ;
– « je suis un faible » ;
– « les femmes sont légères » ;
– « les hommes sont des salauds » ;
– « je ne suis qu'un bon à rien » ;
– « je n'ai aucun talent artistique » ;
– « on ne fait pas ça quand on est un homme » ;
– « il faut être honnête », etc.

Ce genre de conditionnements, ces commentaires à connotation moralisante, se forment généralement à la prime jeunesse sous l'impulsion de l'entourage qui cherche à guider l'enfant dans la voie qu'il juge la meilleure. Ils devraient normalement s'estomper avec l'âge adulte et laisser la place à la personnalité spécifique de l'individu, mais souvent, ils résistent au temps, et il n'en faut pas plus pour être malheureux une bonne partie de sa vie. Ces conditionnements gênent l'épanouissement et l'expression de la personnalité et sécrètent des comportements de compensation qui sont de véritables drogues, au sens propre ou au sens figuré. Et si on réprime un de ces comportements compensatoires, il y aura automatiquement reversion sur un autre comportement.

Par exemple, Sophie est malheureuse parce qu'elle n'exprime pas son talent artistique, la capacité créative qui est en elle. Bien sûr elle ne le sait pas, elle ne l'imagine même pas puisqu'on lui a souvent répété : « tu n'as aucun talent artistique » (ce qui bien entendu n'a pas de sens pour l'intelligence puisque le talent artistique n'est que l'envie d'exprimer ce que l'on a au fond de soi, et chaque personne a quelque chose au fond de soi à exprimer). Alors, pour compenser ce manque de réalisation personnelle, elle « se paye » des petits plaisirs, comme le tabac : elle fume parce qu'elle est malheureuse. Si elle se culpabilise et parvient à réprimer cette compensation, elle devra assouvir ses besoins de compensation dans d'autres « plaisirs ». La meilleure solution, c'est la découverte de son blocage qui l'empêche de vivre complètement sa vie. Dès lors qu'elle aura trouvé son « bonheur », c'est-à-dire elle-même, elle n'aura plus qu'un tout petit effort à faire pour arrêter de fumer ou de trop manger. Chaque fois qu'on a envie de se faire un petit plaisir, une barre de chocolat, une cigarette, ou de « craquer » en faisant des achats, c'est qu'il y a *une partie de soi qui réclame de l'écoute,* qui veut s'exprimer et qui n'y arrive pas. C'est un signe d'une grande fiabilité.

Certains comportements, certaines actions, sont interdits par le cerveau limbique en fonction de l'histoire spécifique de chacun. Par exemple, on peut être « autorisé » à exprimer sa sensualité mais pas sa faiblesse. Ou l'inverse. On peut être « autorisé » à exprimer son sens artistique mais pas son goût pour l'ordre et pour l'autorité. Ou l'inverse. Ces exemples peuvent se développer à l'infini.

Ces interdits peuvent être lourds de conséquences s'ils empêchent d'exprimer certains sentiments ou d'avoir certains comportements professionnels, sociaux ou affectifs. Parfois c'est la tendresse qu'on n'est pas « autorisé » à exprimer, parfois la colère, parfois seulement l'opposition aux autres, et ces blocages peuvent rendre la vie très pénible, très malheureuse.

Philippe a un blocage sur la tendresse, et il évite toutes

les situations où il pourrait être confronté à ce sentiment. Sa famille connaît parfaitement ce conditionnement mais Philippe, lui, l'ignore. Il pense que les gens sont bizarrement atteints de sensiblerie dans certaines situations dont justement il a une « sainte » horreur. Pour lui, la tendresse consiste à faire son devoir vis-à-vis de ses proches et en particulier de sa femme et de ses enfants, mais certainement pas de « se livrer à maintes effusions stupides qui ne sont que des simulacres plus ou moins pervers ».

Christiane, elle, a un blocage sur le fait de faire de la peine. Chaque fois qu'on lui demande quelque chose, elle essaie de faire plaisir, elle se croit obligée d'accepter, car « que deviendrait cette société si on ne s'entraidait pas ? ». Et puis, « l'égoïsme, c'est odieux ». Elle passe son temps à faire ce que les autres attendent d'elle, et tente avec difficulté d'arbitrer entre tous ceux qui la sollicitent. De toutes façons, elle n'imagine pas une seule seconde qu'il lui serait possible de refuser ce qu'on lui demande. D'une part, cela ne se fait pas ; et puis, elle se ferait alors des ennemis, on ne l'aimerait plus et la vie deviendrait insupportable. Sa famille connaît bien le travers de Christiane. Elle en abuse même. Mais « ça lui fait tellement plaisir de rendre service ! Elle arrivera bien à refuser le jour où ça lui fera vraiment trop »...

Pour les intéressés, les comportements interdits ne sont pas vécus comme des interdits, mais comme des comportements méprisables, absurdes, ou impossibles. Rien à voir avec des comportements qu'on s'empêche d'avoir de façon consciente, par choix personnel. Ces interdits-là ne sont pas nuisibles : on les appelle des interdits simples. Philippe sait que sa voiture va plus vite que la vitesse limitée, mais pour autant, il préfère ne pas aller au-delà. Soit par éthique personnelle, soit par peur du gendarme. En tout cas, il n'est pas là devant un blocage comportemental, mais devant un interdit simple. Il y a problème quand on n'est plus conscient de l'interdit, du blocage comportemental. Telle attitude n'est plus interdite, mais « impossible », « inimaginable », « méprisable », « dégoûtante », « détestable », « répugnante ». Ce sont généralement des blocages constitués dès la prime enfance, quelquefois à l'insu même des parents ou des éducateurs. Jacques Fradin en a parfaitement décrit le fonctionnement et les appelle des comportements hypofonctionnels, et, plus familièrement, des « hypos ». Dès qu'on s'approche d'un tel comportement interdit, il y a mise en branle de tout un système d'évitement qui en rend l'accès particulièrement difficile et douloureux. Il faut à l'individu beaucoup de courage, c'est-à-dire en fait une forte motivation pour passer le seuil de l'interdit.

Essayez par exemple de faire faire le pitre dans la rue à Philippe qui a un hypo sur certaines formes de fantaisies, et vous le verrez se fâcher, puis se liquéfier littéralement ; il trouvera toutes les raisons possibles et imaginables pour ne pas jouer à ce jeu-là. Philippe n'aurait aucune difficulté à monter à la tribune faire un cours de géopolitique devant trois mille personnes ou à la télévision. Mais faire le pitre dans la rue, ça non ! « C'est impensable », « ça n'a pas de sens ». Et il se demandera comment on peut avoir des idées pareilles, il commencera à se dire qu'il devrait vous fréquenter beaucoup moins parce que vous avez des amusements qui ne sont vraiment plus de son âge.

Essayez de faire jouer à Christiane le rôle d'une personne mauvaise, méchante, ou seulement un peu acide, dans une pièce de théâtre. Vous pourrez constater que ce qui n'est pas difficile pour la plupart des gens peut se révéler quasiment impossible pour elle, alors qu'elle ne craint pas d'habitude de monter sur les planches. Mais cette fois, non. C'est impossible. Christiane va trouver toute une série de bonnes raisons pour ne pas jouer ce rôle ; si vous insistez, si vous la prenez par son intelligence en lui montrant l'intérêt qu'elle peut trouver dans l'affrontement de cette difficulté, si vous la prenez par ses conditionnements en lui disant qu'elle vous fait de la peine ou qu'elle ruine un projet passionnant, alors elle va peut-être accepter. Du bout des lèvres. Et le jour où elle devra jouer, elle aura mal au ventre, elle fera une grippe, elle manquera son bus, elle aura une panne de voiture. Bref, elle fera ce qu'on appelle un évitement. Les exemples ne manquent pas, il est utile de s'exercer à les repérer, et d'observer à la fois le comportement d'évitement systématique, et l'urgence qui monte au fur et à mesure où l'on s'approche du comportement interdit.

Ce « handicap » (il s'agit effectivement d'une réduction partielle de mobilité psychique) pourrait n'être pas trop grave s'il n'empêchait pas la personne de s'épanouir. Et il n'y a rien de plus fort chez l'homme que le besoin d'aller au bout de son propre destin, au bout de lui-même. Comme l'interdit se met en travers de sa route, il va développer, sans comprendre pourquoi, une série de comportements de substitution destinés à compenser le non-assouvissement du besoin inconscient. Notre biochimie comportementale sophistiquée trouve des astuces pour tenter de répondre au besoin initial par une autre voie, celle-là autorisée. Et voilà comment naissent les comportements hyperfonctionnels ou « hypers », c'est-à-dire des comportements qui sont répétés sans cesse mais sans être nourrissants. Et pour cause : ils ne remplissent que très partiellement leur objectif inconscient et sont donc en permanence recyclés comme pour tenter d'assouvir le besoin initial coûte que coûte (voir schéma, extrait du modèle de la psychophysio-analyse).

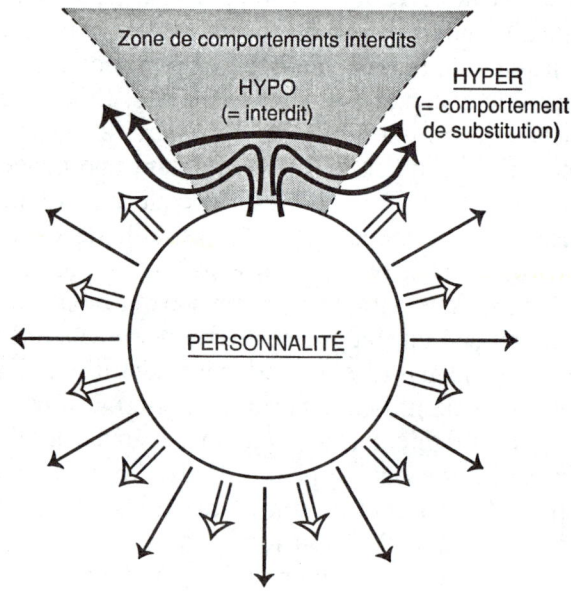

Le chemin du bonheur

Exemple. Rémy, le frère de Sophie, a un blocage, un hypo sur le fait de « draguer » une jeune fille. Non pas seulement de la politesse ou du respect bon chic bon genre, mais vraiment un interdit. Un hypo. Il ne le sait pas, et dans les faits, il assimile toute prise de parole en présence d'une jeune fille à de la « drague ». Rappelons en effet qu'un blocage est un conditionnement et qu'il fonctionne donc de façon grossière, approximative (seul le néocortex est capable de finesse). Nous sommes ici face à un comportement réflexe induit par un conditionnement de la première enfance. Notre jeune Rémy ne « peut » pas faire la cour à une jeune fille. Pour lui, ce serait presque un viol. Il se peut bien que cet hypo soit directement issu de ceux de ses parents, par exemple l'interdit sur la tendresse, de son père, ou celui sur le fait de faire de la peine, développé par sa mère. Mais ça n'est pas du tout obligatoire. En tout cas, Rémy est bien embêté. Comment assouvir son besoin de relation affective, amoureuse ? Son cerveau va devoir trouver d'autres stratagèmes pour obtenir un résultat semblable. En fait, il n'en trouve pas. Il n'y a rien d'aussi efficace que l'expression directe pour dire quelque chose à quelqu'un. Alors, il développe des comportements de substitution, dont le rendement est faible, d'où leur répétition. Ce sont des hypers. Par exemple, Rémy est devenu très brillant, inconsciemment pour séduire son entourage. Il travaille énormément, passe très peu de temps avec ses copains, et espère secrètement (voire subconsciemment) que la jeune fille à laquelle il aurait eu envie de parler se trouvera dans le lot de ceux qui seront séduits par son brio intellectuel. Son cerveau concocte ainsi toute une série de comportements de substitution qui vont façonner l'image et la vie de ce jeune homme, l'amenant éventuellement à des activités professionnelles très différentes de celles qu'il aurait profondément souhaitées, et aussi à des relations affectives également très éloignées. Une vie de renoncements et de frustration, « simplement » pour un « tout petit » interdit ! Le monde l'enviera pour son intelligence, alors qu'il souffrira intensément de ses carences.

Les « hypos » sont à l'origine de la plupart de nos souffrances profondes : d'une part, ils nous interdisent durablement l'accès à une partie de nous-mêmes, première souffrance, éventuellement très forte et qui peut s'assimiler à un véritable handicap. Nous sommes tous ainsi des handicapés qui s'ignorent. D'autre part, ils engendrent en compensation un excès de certains comportements qui, pour n'être pas pathologiques au départ, peuvent le devenir avec leur répétition. C'est le cas de la recherche systématique de séduction, de la boulimie, de l'abrutissement dans le travail ou dans le sport, etc. On aura beau se rendre compte de l'absurdité de la répétition pathologique et pathogène de ces comportements, on ne pourra s'en empêcher. On essaiera pourtant. Plusieurs fois on se réprimera, et puis à nouveau le système explosera. Encore plus fort. Rien n'y fera, jusqu'à la suppression de l'interdit qui permettra d'assumer et d'exprimer plus complètement sa véritable personnalité.

Sophie, à la suite d'une rencontre que d'aucuns apparenteront au « hasard » (en fait, ce n'est pas le hasard mais l'aboutissement d'une longue série de tentatives subconscientes pour sortir de sa prison), découvre tout

Le chemin du bonheur

d'un coup sa vocation artistique, et sa vie embellit brusquement. Le bonheur lui arrive.

Christiane peut de la même façon apprendre un beau jour à dire non à ce qu'elle n'aime pas, ce qui change sa vie du jour au lendemain. Les exemples sont nombreux qu'on ne savait pas expliquer jusque-là. Il s'agit seulement d'un blocage comportemental qui explose sous l'impulsion d'un choc de vie et libère une partie jusque-là bridée de l'individu. Cela se produit généralement quand la souffrance due au blocage devient trop forte (la souffrance psychique joue ici le même rôle que la maladie en général, elle vise à amener la conscience de l'individu à « ouvrir les yeux »).

Il existe aujourd'hui une méthode simple et rapide pour trouver son ou ses interdits, ses « hypos », à partir des résonances qu'ils engendrent lors de certaines situations. Cette méthode, mise au point par Jacques Fradin, consiste à répertorier les scènes ou les situations qui mettent la personne en urgence, alors qu'elle n'est pas personnellement impliquée.

Christiane voit dans la rue un bègue qui a du mal à se faire comprendre d'une autre personne, et une émotion monte en elle : agacement, mépris, gêne ou admiration. C'est le signal que Christiane est en contact avec un blocage comportemental. C'est un bon endroit pour démarrer des fouilles : elle peut rechercher dans sa mémoire les situations qui généralement lui provoquent une forte émotion alors même qu'elle n'est pas concernée personnellement (comme par exemple au cinéma ou à la télévision) et en rapport avec la scène qu'elle vient de voir. Ceci afin de mieux cerner ce qui la fait vraiment réagir, ou « résonner ». Avec plusieurs recoupements, il lui sera possible de définir l'hypo qui la gêne. Par exemple, elle peut avoir un interdit sur le fait de demander de l'aide à quelqu'un, ce qui l'amène à ressentir douloureusement toute situation où une personne n'arrive pas à se faire comprendre spontanément. Ou bien encore, ce peut être son interdit sur le fait de dire non ; si elle ressent que l'on n'aide pas suffisamment la personne en difficulté, elle va se sentir mal. De nombreuses hypothèses peuvent être formulées, il est indispensable de travailler avec quelqu'un (un thérapeute formé à ces techniques) qui pourra mieux objectiver les situations et distinguer les comportements pathologiques de la personne qui souffre, alors qu'elle-même ne voit rien de pathologique mais seulement un comportement parfaitement normal : « Mais enfin, vous ne voyez pas que c'est grave ? C'est intolérable, il faut intervenir ! » Pour elle, son émotion est normale, explicable, naturelle, et il est inadmissible et immoral que les autres n'aient pas la même.

Une fois l'hypo détecté, alors commencera la deuxième étape de l'ascension vers le bonheur : il lui faudra prendre un recul cognitif sur cet interdit, c'est-à-dire y réfléchir. S'y habituer, sentir en quoi et comment il a façonné sa vie et sa pensée depuis l'origine. Accepter que contrairement aux autres conditionnements simples, il ne suffit pas de le découvrir pour en être débarrassé. Accepter que le temps permette à son néocortex de faire son travail de nettoyage. Et alors, petit à petit, tranquillement, Christiane s'approchera de son hypo avec prudence, et s'entraînera à affronter la situation périlleuse. Sans esprit de défi, sans impatience, en un mot sans urgence. Simplement avec l'énergie de sa motivation. Les résultats sont fascinants. Le travail est par moments un peu douloureux du fait de la résistance du cerveau limbique qui fait tout ce qu'il peut pour conserver ses programmes intacts, et c'est pourquoi il est utile, voire nécessaire au début, de se faire aider par un spécialiste, un thérapeute (comportementaliste, cognitiviste, ou mieux, psychophysio-analyste). Mais très vite, une fois dénoués les nœuds les plus serrés, il devient facile, c'est même un jeu, de travailler avec son ou sa partenaire dans la vie, ou même avec des amis.

Retrouver la confiance en soi

La méfiance peut être, dans certains cas, une attitude rationnelle permettant de se protéger contre les endoctrinements de toute sorte auxquels nous soumet la société. La méfiance correspond alors à une vigilance néocorticale, c'est-à-dire intelligente, réfléchie. Elle incite à passer au crible de sa propre réflexion toute proposition nouvelle, se faisant ainsi une alliée du bonheur.

Mais, dans la société actuelle, la méfiance a tendance à se généraliser, confinant à la paranoïa, et déformant notre vision du monde pour le faire ressortir comme un monde hostile où tout doit être considéré a priori comme un ennemi : soi-même et les autres, ses propres penchants, ses amis, ses parents, l'autre sexe, les concurrents dans tous les domaines. Cette méfiance généralisée incite à fuir le réel pour se construire des personnages imaginaires dignes cette fois d'une confiance absolue, démesurée. C'est le royaume du cinéma, du roman, ou de la bande dessinée. Mais ce peut être aussi un transfert sur des personnages mythifiés plus ou moins incarnés. Certains « épousent » Dieu, d'autres recherchent désespérément une âme sœur idéalisée, une idole à vénérer, d'autres encore transfèrent ce désir compensatoire vers des sectes de toute nature. C'est le règne du fantasme et donc de la déception à plus ou moins long terme.

Lorsque nous sommes heureux, nous ressentons une *confiance relative, globale et nuancée*. Confiance en nous-mêmes d'abord, en nos propres richesses, en nos propres capacités d'analyse ou d'action, en notre aptitude à faire face à la difficulté ou à accepter le destin qui se présente. Confiance dans notre propre capacité à rester heureux quoi qu'il arrive.

Confiance dans les autres ensuite, non pas dans leur infinie bonté ou générosité à notre égard (ce qui n'aurait aucun sens néocortical), mais seulement confiance dans leur réalité humaine, bonne et mauvaise, normale et pathologique, néocorticale et limbique. Confiance dans leur vocation à vivre leur vie. Et surtout confiance dans le fait qu'ils ne pourront pas nous empêcher d'être heureux, quoi qu'il arrive. Le bonheur est au fond de soi, de même que le malheur. Il n'y a donc pas grand-chose à redouter du monde extérieur, des autres, si ce n'est qu'ils nous entraînent à ne pas être nous-mêmes.

Confiance enfin dans la vie, dans le destin, dans l'infinie variété des formes de vie et d'amour, dans le futur comme dans le présent, dans le connu et l'inconnu.

Cette attitude de confiance induit une sérénité qui facilite l'action et la réflexion intelligentes ; elle représente aussi un merveilleux stimulant pour l'accomplissement de la personnalité. Souvent, on est paralysé par la peur d'être incapable de réussir, de n'être pas assez compétent, pas assez séduisant. Une simple manifestation de confiance peut alors changer les données du problème et donner des ailes, là où la méfiance les coupait. Un jeune qui fait des bêtises est souvent un être qui manque seulement de confiance en lui. Un vieux qui se tasse est souvent quelqu'un qui manque tout autant de confiance en lui et en la vie. Donnons-leur un peu de cette confiance qui leur manque, et, comme par magie, le jeune mûrit et le vieux rajeunit. Avoir confiance en soi, c'est se mettre en état d'exploiter ses véritables capacités personnelles, justement celles pour lesquelles on est réellement apprécié. Si on gagne seulement 10 % de confiance en soi, on double bien souvent son efficacité.

Dans l'entreprise, un mauvais chef est souvent un chef qui n'a pas assez confiance en lui. Du même coup, il ne peut parvenir à faire confiance aux autres. Il est susceptible et ne peut recevoir la critique, ni de ses subordonnés, ni de son responsable hiérarchique, ni de ses collègues avec lesquels il ne peut donc pas former d'équipe. Une entreprise, comme une famille, c'est avant tout une organisation qui trouve sa solidité et son efficience dans la capacité de ses membres à se faire confiance les uns les autres. Toute entreprise, toute famille, pourrait ainsi, et devrait, être une fantastique machine à délivrer de la confiance, à l'intérieur comme à l'extérieur. Car c'est ce dont le monde a le plus besoin aujourd'hui, collectivement et individuellement.

Pour reprendre l'exemple de l'entreprise, un chef qui veut donner à son équipe les meilleurs atouts doit lui donner confiance. C'est-à-dire en fait lui manifester toute la confiance qu'il a en elle, individuellement et collectivement. Comment ? Ce n'est pas avec de belles paroles qu'il y parviendra. C'est en développant une attitude qui témoigne clairement de la confiance qu'il a en son équipe. Par exemple, et contrairement à certaines tendances, en acceptant et le cas échéant en exprimant ses propres faiblesses, ses lacunes, ses incompétences, ses peurs. Les reconnaître, les accepter, les montrer, les partager, c'est la plus belle preuve de confiance envers le groupe. C'est aussi ce qui lui donne du sens car à plusieurs, on peut souvent compenser les faiblesses de chacun.

Mais pour pouvoir donner de la confiance, il faut d'abord en avoir pour soi-même. Notre relation aux autres n'est qu'un miroir de notre propre relation intime, du respect et de la confiance qu'on se manifeste à soi-même. Avoir confiance en soi, ce n'est pas se prendre pour Superman, c'est au contraire accepter ses faiblesses sans penser qu'elles empêchent de vivre, d'agir ou d'être heureux(se). C'est développer une pensée souple, ouverte sur le monde intérieur et extérieur. C'est ne pas voir la vie comme un gigantesque espace de compétition où la victoire des uns entraîne la déchéance des autres, mais comme un espace d'expression et d'épanouissement individuel et collectif ; les erreurs d'un moment étant utilisables dans un moment suivant, les erreurs d'un individu étant récupérables par le groupe comme autant d'informations nouvelles qui permettent de mieux vivre, c'est-à-dire de vivre plus heureux.

Le chemin du bonheur 103

La confiance systématique, donc limbique, est dangereuse parce qu'elle nous conduit à sous-estimer les difficultés rencontrées, les failles des raisonnements, ou les faiblesses ou les archaïsmes de certains comportements humains. La méfiance systématique, donc limbique, est tout aussi dangereuse car elle ne nous permet pas d'exploiter au mieux ni nos propres capacités ni celles des autres. Elle engendre dans notre société une sorte de paranoïa collective propice aux états d'urgence.

Une attitude de confiance vigilante et non rigide, donc néocorticale, procure une ouverture et un bien-être communicatifs ; c'est un atout pour le bonheur. Et cette attitude laisse toute sa place à la méfiance nécessaire dans certaines situations, ou vis-à-vis de certaines personnes, de certains problèmes, techniques ou produits.

Le bonheur génère une profonde sensation de confiance, et réciproquement la recherche d'un état de confiance à l'intérieur de soi-même peut permettre de trouver le bonheur. C'est ainsi qu'on peut interpréter l'exhortation au lâcher-prise que prônent certaines religions ou certaines philosophies. Lâcher prise à ses peurs, à sa méfiance, à ses idées toutes faites, pour rencontrer cet état de complète satisfaction que nous appelons ici le bonheur, et là peut-être l'éveil. Le sentiment ou l'attitude de confiance peut se trouver soit par le raisonnement car c'est l'attitude généralement la plus raisonnable, soit par le travail physique ou méditatif sur le lâcher-prise ou sur l'abandon à soi-même.

Notre société est considérablement productrice de méfiance : l'école, l'entreprise sécrètent de la méfiance, la plupart des religions aussi, la publicité, les médias, les systèmes sociaux, toutes nos institutions qui ne font ainsi que refléter la peur qui nous étreint. Peur et méfiance s'entretiennent l'une l'autre et s'entendent comme larrons en foire. Laisser de la place à l'une favorise l'autre et réciproquement. Pour susciter la méfiance chez une personne, on va dans un premier temps lui faire peur. C'est ce que l'on fait spontanément avec les enfants pour éviter qu'ils ne se blessent ou qu'ils travaillent mal à l'école : on leur fait peur. On essaie de leur montrer toutes les embûches de l'existence et ainsi on exerce correctement son métier de parent. Mais en même temps, et de façon équilibrée, on devrait renforcer le potentiel de confiance et de sérénité qui existe chez l'enfant. Or on ne le fait pas toujours, ou pas suffisamment. La peur est trop forte. Peur du chômage, de la guerre, de la délinquance, de l'exclusion, de la perte de racines culturelles, de la maladie, de l'accident, de la solitude, peur de beaucoup de choses en somme. Cette peur est recyclée par le système économique et médiatique qui exploite et renforce encore la peur et la méfiance ambiantes.

Il est urgent de prendre conscience que cette peur est un piège et qu'au lieu de donner des atouts à nos enfants, *cet excès de méfiance les conduit davantage au malheur qu'au bonheur.* Le rôle des parents et des éducateurs en général est d'apprendre la confiance aux enfants, une confiance méritée et raisonnée, confiance fondée sur la découverte et l'acceptation progressive de leurs capacités individuelles et spécifiques, confiance qui va tranquillement les mener vers l'âge dit adulte.

Plongez dans vos souvenirs : essayez de vous rappeler les meilleurs moments de votre vie, les moments où vous avez eu l'impression d'avoir des ailes, que rien ne vous était impossible : n'était-ce pas des moments où l'on vous avait témoigné de la confiance, où l'on avait renforcé votre confiance en vous-même ?

Apprendre à faire tomber l'urgence

Avant de parvenir au bonheur absolu, avant d'avoir résolu tous ses conflits internes, avant d'avoir surmonté tous ses interdits, on est plus ou moins fréquemment confronté à des « crises », d'anxiété, d'agressivité ou de déprime. Pour éviter d'en être trop perturbé, il est possible d'appliquer quelques règles qui diminuent fortement l'intensité de ces états d'urgence.

– *Prendre conscience* de la présence d'une émotion et donc d'un état d'urgence. C'est très facile de le détecter chez les autres, beaucoup plus difficile pour soi-même. Mais avec un peu d'entraînement, on arrive à repérer les signes avant-coureurs de la colère, de la peur ou de la dépression. Comme pour une grippe : avec l'habitude, on finit par sentir venir la grippe avant même que les symptômes deviennent objectivables ; une certaine forme de fatigue, un léger écœurement par exemple. Pour les émotions, c'est pareil : avec un peu d'expérience, on arrive à déceler le léger tremblement intérieur qui caractérise l'état de fuite, l'augmentation du ton de la voix et une certaine chaleur du visage pour l'état de lutte ; de même une certaine forme de fatigue évoque l'inhibition. On peut vérifier la composante psychique de cet état physique : il suffit de faire varier le contenu de ses pensées et d'observer ce qui se passe ; si l'état varie en fonction des pensées, c'est qu'on est bien face à une urgence. Cette prise de conscience de l'existence d'une émotion doit déboucher immédiatement sur une autre prise de conscience, celle que la pensée affichée à ce moment-là dans notre conscience est censurée par notre intelligence. Nous sommes en train de « mal » penser, c'est-à-dire de puiser dans notre stock de pensées automatiques une pensée qui doit être révisée, et si nous ne donnons pas immédiatement la parole à notre intelligence, nous risquons d'agir en désaccord vis-à-vis de notre personnalité, de notre pensée profonde, de notre volonté profonde. Que ce soit sur le plan professionnel ou personnel, agir selon une pensée automatique censurée par l'intelligence ne peut conduire qu'à des problèmes, et c'est le sens de l'alarme émotionnelle qui doit nous mettre la puce à l'oreille.

– Cette prise de conscience doit être en conséquence suivie d'une attitude d'*acceptation et de remerciement intérieur*. Merci pour cette alarme, pour cette stimulation de notre conscience qui va nous permettre de rester « éveillé », de rester dans notre état de complète satisfaction propre au bonheur. Ne pas culpabiliser, ne pas réprimer, au contraire développer une vraie tendresse intérieure comme un parent affectueux vis-à-vis d'un enfant qui apprend à marcher.

– Essayer de *ne pas refouler l'émotion d'urgence* mais au contraire l'exprimer tout en prenant du recul. Par exemple : « Excusez-moi, je suis en colère, je suis "hors de moi", il faut que je prenne un petit moment pour "me retrouver", cela n'a rien à voir avec toi. » Et on en profite alors pour se défouler physiquement, pour faire une méditation rapide, et/ou pour déterminer la cause de l'émotion. Le défoulement physique pourra avoir rapport à la forme de l'urgence : courir si on est en fuite, casser du bois si on est en lutte, faire un somme si on est en inhibition.

– Mener l'enquête pour *découvrir la pensée coupable* et la mettre au chantier de reconstruction. On aura souvent intérêt à travailler avec un partenaire (ou un thérapeute) pour décortiquer cette pensée, l'analyser, la critiquer, la reformuler. Par exemple, Sophie constate qu'elle est en urgence chaque fois qu'elle pense à son poids, mais elle n'imagine pas que c'est la *pensée* de se trouver trop grosse qui lui crée une urgence ; pour elle, c'est le *fait* d'être trop grosse. Il lui faudra l'aide d'une autre personne pour qu'elle prenne le recul nécessaire sur ces conditionnements, et qu'elle puisse rendre le pouvoir à son intelligence sur ce sujet.

– En tout état de cause et pour faciliter le travail de déconditionnement, rechercher en tout premier lieu puis tenter de supprimer toute trace de culpabilisation et de dramatisation.

Ces opérations peuvent apparaître difficiles au début, mais très vite, on arrive à les rendre amusantes et surtout elles procurent un bien-être immédiat. Le plus difficile, c'est de prendre conscience de sa propre urgence et d'accepter que c'est un conditionnement qui est en cause et non pas la réalité. On y parvient en observant les autres.

Faire place au silence

Pour trouver et pour conserver son bonheur, il faut s'entraîner, comme dans toute discipline. Même après avoir « liquidé » la plupart des conditionnements pathogènes, il convient de rester en alerte, car les automatismes ont constamment tendance à se reformer et à reprendre le pouvoir sur l'intelligence. L'accès au bonheur et sa pérennité dépendent de la capacité de chacun à *donner de l'espace et du temps à sa réflexion intelligente* par rapport à ses idées toutes faites. A donner de l'espace et du temps à son individualité, à sa personnalité, et un peu moins à celle des autres, ou à leur regard.

Seuls le silence et le calme permettent une vraie rencontre avec soi-même, en dehors de l'agitation mentale qui traduit un état de fuite propice au foisonnement des conditionnements. Cet état de fuite provient d'une difficulté assez générale à être soi-même au sein d'un groupe : on n'ose pas exprimer ce que l'on pense vraiment, ce que l'on ressent vraiment, d'où état d'urgence, d'où fuite, d'où agitation, excitation. Agitation ou surexcitation que l'on retrouve aussi bien dans les ambiances professionnelles, amicales ou familiales. Le silence est alors une souffrance et un remède. C'est une souffrance puisqu'il empêche l'assouvissement de l'émotion due à l'état de fuite, on n'ose ni parler et rompre le silence, ni partir : la fuite est « impossible ». C'est un remède car alors la seule issue est la confrontation avec sa réalité profonde, son être intime qui finit par trouver une voie d'expression. Le *silence* permet de sentir la *consistance de ses pensées*, et de faire un tri entre les pensées limbiques qu'on peut alors éliminer, et les pensées néocorticales que l'on peut laisser occuper l'espace de la conscience.

Les lieux de prière sont propices au silence et donc au déploiement de l'intelligence. La pensée automatique a plus de mal à s'exercer dans le calme d'une église ou d'une chambre isolée. Le stress entretient les automatismes puisqu'il sollicite une réaction, alors que la tranquillité facilite l'expression et l'expansion de l'intelligence.

En fait, il ne s'agit pas de « faire travailler » son intelligence. Elle travaille de toute façon, en permanence. Il faut seulement empêcher le stress et les automatismes de déconnecter l'intelligence de la conscience. Et par exemple, une certaine forme de *prière* oblige à débrayer les pensées automatisées. Pas la prière-demande ni la prière-réclamation qui font appel à des croyances limbiques et les renforcent, mais plutôt la prière-récitation : le fait de réciter un Notre-Père ou un mantra tibétain occupe de la même manière le cerveau limbique en sollicitant la mémoire. Ainsi, notre conscience est libérée, et peut se laisser imprégner de pensées intelligentes.

Rappelons à cette occasion qu'« intelligence » n'est pas synonyme de « rationalité » ; la rationalité n'est qu'une des nombreuses manifestations de l'intelligence, le déploiement de la logique scientifique qui n'est que l'un des modes d'accès à la connaissance. La rationalité a même parfois tendance à flirter avec le cerveau limbique, lorsqu'elle invoque la logique pour mieux appliquer les règles des autres ; il ne s'agit alors pas de rationalité néocorticale, mais de la simple application d'un ou plusieurs programmes de raisonnement. La logique personnelle, la construction personnelle de ses propres idées, c'est de l'intelligence néocorticale. La créativité, la poésie, l'irrationalité, sont tout aussi (et quelquefois plus) « intelligentes » que la rationalité et participent au progrès de l'individu et de l'espèce. L'art est aussi essentiel à l'homme que la science. Et pourtant, l'art est par définition « inutile » et « irrationnel ». Comme quoi ce qui est inutile peut cependant être essentiel.

La *méditation* est une forme très efficace d'assouplissement néocortical. Par le relâchement de toutes les tensions musculaires accessibles à la conscience, on arrive peu à peu à sentir les tensions psychiques sous-jacentes, et de quoi elles sont constituées. Au lieu de les nier ou de les combattre, il s'agit seulement de les sentir, de les accepter, de s'ouvrir à elles. Sans agressivité, sans culpabilité, et en dépassant la gêne que cette ouverture procure. Il s'agit en fait de se défaire pour un moment de ce à quoi le cerveau limbique s'accroche généralement, de ses protections mentales grégaires qui ne sont pas indispensables quand on est seul avec soi-même.

La méditation, c'est ne fuir aucune pensée, c'est s'entraîner à se faire confiance à soi-même. A soi, on doit pouvoir tout dire. Et quand on se dit tout, quand on laisse venir toute pensée, on se trouve confronté à ce que l'on croit être l'incohérence, le chaos, le néant (en fait la plupart des attributs de la mort). C'est à ce moment-là qu'il faut avoir confiance, en soi, en la vie, en l'avant-vie et en l'après-vie. En « Dieu » ?

La méditation, c'est aussi un entraînement au non-jugement, à commencer par le non-jugement de soi, qui permet d'accéder progressivement au non-jugement des autres. La méditation, c'est un royaume de tendresse, de sourire et d'amour, dans lequel on vient se ressourcer, se retrouver, se trouver, un cocon pour naître à soi-même.

La méditation, c'est une gymnastique d'ouverture à soi et aux autres, à la nature, à la souffrance et au plaisir, au bonheur. C'est une méthode qui permet de se rebrancher rapidement sur le néocortex lorsqu'on en ressent le besoin. Comme par exemple après le sommeil qui, physiologiquement, nous fait passer sous contrôle limbique.

Contrairement à ce que l'on pense traditionnellement, *la méditation n'est pas d'abord une pratique mentale. C'est d'abord et avant tout une gymnastique des sens*, des sensations physiques : le fait de prendre conscience de tout ce que l'on sent avec le nez, avec la bouche, avec la peau, avec les muscles et les articulations, avec les oreilles, avec les yeux, nous remet en contact avec le néocortex qui trouve son épanouissement dans la réalité de nos sensations directes, physiques. Pas celles que l'on se crée avec l'imagination en s'appuyant sur la mémoire. « Je sens, donc je suis »... Dès que nous avons repris contact avec nos multiples sensations, nous sommes dans le réel, commutés sur le système néocortical. Et alors on peut laisser défiler les pensées comme elles viennent, sans en censurer aucune, sans en retenir aucune.

L'activité cérébrale ressemble en général à un gigantesque système circulatoire dont le sang ne pourrait pas circuler librement à cause des obstacles qui s'appellent stress, conditionnements, urgences, évitements. La méditation permet de retrouver une circulation fluide, en levant les barrages, les censures, les obligations. *C'est l'inverse d'une concentration* qui, elle, suppose une tension. La méditation, c'est une détente, d'où le mot mieux adapté de *centration*. On se centre sur soi. On revient dans son « centre », dans sa « peau », dans ses « baskets », « sur ses deux jambes », « bien dans sa tête ».

Les méthodes de méditation sont nombreuses et assez diverses. Certaines s'appuient sur une discipline de fer, c'est la « méditation-lutte » qui convient très bien à certains conditionnements (« tu gagneras ton bonheur à la sueur de ton front »...), d'autres préfèrent des techniques plus douces, plus tolérantes, et dont le cheminement repose sur les progrès de la personne et donc sur le plaisir et le bonheur qu'elle en retire. On doit choisir celle qui crée le moins de tensions internes, physiques ou psychiques. Le bonheur n'a rien à voir avec la performance, même une « sainte » performance. Que ce soit la respiration, qui favorise la tranquillité intérieure et la disponibilité profonde à l'écoute de soi, que ce soit la posture qui a des répercussions nombreuses dans le contenu de la pensée (selon qu'on ferme ou non les yeux, qu'on marche ou qu'on se mette assis ou à genoux), tous les paramètres physiques ont des répercussions sur le développement de la méditation. L'idéal n'existe pas, ou s'il existe, il est certainement de découvrir par soi-même les meilleures méthodes. Personnellement, j'ai une réelle préférence pour la marche dans la campagne qui oxygène toutes les parties du corps et du cerveau, et représente en outre une des meilleures gymnastiques qui soient. Dix minutes tous les matins suffisent pour percevoir les premiers effets tangibles au bout de quelques jours et on est naturellement poussé à « augmenter la dose ». Rien que pour le plaisir...

Au début, il peut sembler difficile sinon impossible de trouver du temps pour le silence ou pour la marche. Il s'agit d'un blocage limbique, cette partie du cerveau se trouvant très bien au pouvoir. Mais également, comme pour toute nouvelle activité, il faut en diminuer ou supprimer une autre, ce qui n'est jamais facile : une journée, c'est comme une maison ou un appartement, on occupe généralement tout l'espace disponible. Par la suite, la méditation permet de mieux hiérarchiser les actes de sa vie et de donner plus de place au bonheur ; cela se fait naturellement, tranquillement.

Lorsqu'on se sent menacé par l'emprise du cerveau limbique, on peut se « recentrer ». Il suffit de quelques secondes pour retrouver le contact avec son néocortex. Qu'on soit assis, ou debout, ou couché, on commence par fermer les yeux (au moins au début, c'est plus facile) ; on relâche les muscles, tous les muscles, en les passant en revue les uns après les autres ; on porte attention à sa respiration et on dégage ce qui peut la gêner ; on essaie de percevoir clairement et distinctement toutes les sensations physiques et psychiques, sans les juger (odeurs, saveurs, bruits, sensations de froid ou de chaud, de bien-être ou d'inconfort, désirs divers) ; on laisse les pensées aller et venir, sans en retenir aucune ; et voilà, ça y est. On peut rester ainsi le temps qu'on veut, mais en quelques secondes au début (puis en moins d'une seconde), on arrive ainsi à passer du contrôle limbique au contrôle néocortical.

Tout ce qui peut dérigidifier la pensée concourt au maintien ou au retour de l'intelligence, donc du bonheur. Chacun sa méthode, chacun son système « D », ce qui importe, c'est de se rappeler que le cerveau s'entretient comme tout le reste du corps. Et la « salle de gym » du cerveau, c'est le silence.

Donner de l'espace au temps

On enchaîne généralement les actes et les événements de la vie comme on avalerait des aliments les uns après les autres sans prendre le temps de les digérer. Résultat : on a l'impression que la vie passe trop vite, et pour cause, on ne prend pas le temps de la savourer, on passe « à côté » de sa vie.

Cette boulimie d'actions et de pensées est en réalité la manifestation d'un état d'urgence, *la fuite*, et de son émotion associée, *l'anxiété*. Notre société a tendance à exclure toute possibilité de prendre son temps, de respirer, de faire silence, de ne « rien faire ». Elle nous emplit de bruits, de décisions à prendre, de travail, de sport, de télévision, de « pression ». On appelle cela le stress, et l'on a du mal à décider s'il est bénéfique ou non (en fait, le stress n'est qu'une stimulation qui en soi n'est pas gênante, ce qui peut l'être, c'est de le mal gérer, de se laisser intoxiquer, et ensuite de le rechercher comme un besoin vital).

Le chemin du bonheur

D'autres attitudes sont possibles, sans changer pour autant la société dans laquelle nous vivons. Il est possible de travailler moins et mieux, de consommer moins et mieux, il est possible de lire moins et mieux, d'écouter moins de musique et mieux, d'avoir moins de relations, mais plus nourrissantes, plus épanouissantes. Prenons le temps de sentir nos émotions, nos états d'urgence, acceptons-les pour mieux les résoudre.

Donnons de l'espace et du temps à nos pulsions, celles que nous avons tendance à refouler et les autres, à nos attirances pour telle personne ou tel paysage, à la saveur d'un moment passé avec des êtres chers, aux souffrances d'une relation pénible, à la richesse d'une rencontre, à la fatigue due à une action difficile, bref, à tout ce qui fait la vie de tous les jours. Mon ami Jacques Jouanny, qui est médecin, incite ses proches et ses malades à bien prendre le temps de « mastiquer la vie ». Pour bien « digérer » tous les événements de sa vie, il faut savoir prendre le temps de les vivre le plus complètement possible, sinon, ils peuvent « rester sur l'estomac ».

Plus nous avons des responsabilités, plus nous devons donner du temps au temps, prendre le temps de réfléchir, de « sentir » les problèmes et les opportunités, pour mieux déterminer la direction à prendre. L'enchaînement précipité des actes est rarement un gage d'efficacité. Un bon chef par exemple ne devrait pas être débordé, contrairement à l'image classique qu'on en donne, mais au contraire très disponible, apte à se donner du temps pour méditer, pour exister en tant qu'être humain et pas seulement en tant que chef ; il devrait se donner le temps d'écouter, et tout d'abord de s'écouter.

Mettre du temps autour des événements quotidiens de la vie, c'est la meilleure garantie d'une bonne intégration de l'expérience. Tout au long de la journée, nous devrions pratiquer la méthode du *debriefing*, c'est-à-dire analyser les différents aspects d'une action, d'une rencontre, d'un événement. Il n'est pas nécessaire de prendre beaucoup de temps, juste un peu après chaque action ou chaque événement de façon à se sentir disponible pour la suite. Par exemple prendre seulement trente secondes (ça semble peu mais c'est déjà énorme) après chaque rencontre pour se laisser pénétrer de toute la richesse contenue dans cette rencontre, qu'elle ait été agréable ou non, longue ou très courte, professionnelle ou amicale.

Le néocortex travaille dans le calme, ce qui lui permet d'aller au fond des choses ; alors que le limbique prend le pouvoir dans l'agitation et dans la précipitation. Il est superficiel et ça l'arrange de ne pas creuser, de ne pas décanter, de ne pas prendre le temps. C'est le limbique qui dit : « Arrête de couper les cheveux en quatre ! » ; ou bien : « Dépêche-toi donc ! » ; ou encore : « Je n'aurai jamais le temps de tout faire ! » Le limbique ne veut pas du temps, le néocortex s'en délecte. Etre disponible à sa vie, c'est une des clés du bonheur, et pour cela il faut savoir prendre le temps de se remettre les idées en place.

Par exemple, il nous arrive fatalement d'être en retard. Eh bien, plutôt que d'augmenter encore la pression et la vitesse pour limiter notre retard, acceptons au contraire de « perdre » encore un peu plus de temps :

– pour comprendre et intégrer le pourquoi de ce retard, sentir que ce retard fait partie de nous, qu'il est le résultat d'une histoire qui nous appartient totalement, qui est nous. Si nous refusons ce retard, nous nous refusons aussi nous-même, d'où urgence, d'où obstacle au bonheur ;

– pour éliminer tout sentiment de culpabilité qui équivaut à une condamnation inappropriée et pénalisante : inappropriée parce que nos raisons sont a priori respectables et aimables par nous (puisqu'elles font partie de nous), et pénalisante car le sentiment de culpabilité crée une émotion d'urgence qui diminue nos capacités physiques et mentales ;

– pour sentir, imaginer et accepter l'attente vraie que la personne (ou le groupe) avec laquelle nous avons rendez-vous a pour nous ;

– pour imaginer, sentir et accepter le poids et l'importance de notre retard pour l'autre ou pour les autres : dérangement, inquiétude pour ce qui aurait pu nous arriver ;

– pour accepter l'éventualité de ces souffrances que nous pouvons occasionner par notre retard, c'est-à-dire par le fait que nous existons ; mais pour nous rappeler aussi que notre intégration dans le groupe est la résultante de notre personnalité globale et pas seulement des plaisirs que nous pouvons lui procurer ;

– pour nous préparer à recevoir des reproches qui ne feront que traduire l'attente ou l'urgence de l'autre ou des autres, nous préparer à ne pas entrer dans ce « jeu » mais seulement à exprimer les sentiments physiologiques qui nous habitent vis-à-vis de cette (ou de ces) personne(s), et par la conscience que nous avons du trouble que nous occasionnons ;

– prendre le temps également de nous rappeler que rien n'est grave, rien n'est important, car ces notions limbiques de gravité ou d'importance sont souvent destinées à créer ou à renforcer un sentiment de culpabilité ;
– de prendre le temps enfin de vivre l'instant qui nous sépare de ce rendez-vous, car la vie c'est ici et maintenant. Pas demain. Pas plus tard. Pour arriver à « plus tard », il faut d'abord que nous vivions tout de suite.

Plus on donne de l'espace au temps, plus on est heureux ; plus on est heureux, et plus on donne de l'espace au temps. Ce qui amène progressivement à mieux choisir ses activités, ce qui réduit l'anxiété, ce qui donc permet de mieux accepter de ne « rien faire », c'est-à-dire de commencer à vivre. « Rien » n'existe pas, ce n'est que le produit de notre anxiété, tout comme le fameux « néant ». Quand on commence à pénétrer dans ce « rien », à aller à la rencontre de sa peur, à regarder ce qu'il y a dedans, on se rencontre soi-même, on pénètre dans sa propre caverne aux mille trésors. *Ne rien faire, c'est commencer d'être.*

Respecter, cultiver, aimer la différence
(la sienne et celle des autres)

Le cerveau limbique et la société de consommation et d'hypercommunication nous poussent à nous ressembler les uns les autres. Dans notre habillement, dans notre comportement alimentaire, familial, social, professionnel, nous « devons » nous comporter d'une certaine façon qui est réputée être la bonne ; celle qui est « normale », celle qui va nous faire gagner, celle qui va nous rendre irrésistibles, celle qui est supposée nous donner le bonheur. Cette conspiration du limbique nous incite dans le même temps à rejeter tout ce qui ne ressemble pas à l'image du bonheur qu'on veut nous faire accepter. L'instinct grégaire nous pousse à nous insérer dans la meute, dans le clan, en imitant le mieux possible les standards sociaux implantés dans notre cerveau limbique depuis notre prime enfance, et hyperdéveloppés par les médias. Par extension, nous en arrivons à exclure de notre quotidien toutes ces personnes « hors normes » que sont les malades, les handicapés, les chômeurs, les vieux, les laiderons ou les faibles d'esprit.

Le fait de nous rapprocher des personnes culturellement exclues nous amène à réviser nos croyances limbiques à propos du bonheur. A leur contact, nous découvrons que ces personnes ont – peut-être – un déficit de plaisir (ce n'est pas certain car le déficit de plaisir dû à un handicap peut être parfois compensé par un surplus de plaisir dans l'exercice des autres facultés sensorielles), mais que le bonheur leur est également accessible. Et même quelquefois plus qu'à d'autres, car la souffrance, la différence et la marginalisation incitent à une remise en cause des conditionnements et des blocages qui rapproche du bonheur.

Plus généralement, le décalage culturel force le limbique à laisser la place au néocortex. Dès que l'on est dans une situation nouvelle, dès que l'on sort des sentiers battus, les automatismes sont obligés de « passer la main », puisqu'ils ne peuvent plus faire référence à une situation mémorisée. Le décalage culturel met en évidence qu'il existe d'autres façons de voir la vie, de manger sa soupe ou de prier Dieu, de travailler ou de dormir, d'éduquer ses enfants ou d'organiser sa famille, de considérer l'économie ou la mort. L'observation d'une personne conditionnée est la meilleure façon de comprendre que l'on est soi-même conditionné. Le fait qu'une personne voit les choses différemment signifie qu'il est possible de les voir différemment, et donc qu'elles ne sont pas obligatoirement telles qu'on les voyait. C'était seulement *une* pensée, *une* façon de voir. Parmi d'autres.

On passe alors de la subjectivité *inconsciente* à la subjectivité *consciente*. Il ne s'agit pas là d'un déconditionnement spécifique, mais tout de même d'un assouplissement mental qui permet de comprendre le mécanisme, comme dans les images à double interprétation : quand on sait qu'il y a deux images dans le même dessin, alors il devient possible de les voir.

Les voyages forment la jeunesse. En fait, ils cultivent l'intelligence en permettant de découvrir l'immensité de sa subjectivité et de ses conditionnements. Et il n'est pas nécessaire de voyager très loin : lire des journaux différents, parler avec des gens auxquels on n'adressait pas la parole, regarder d'autres peintures, d'autres films, en bref sortir de ses habitudes. L'objectif n'étant pas de changer systématiquement ses conditionnements, mais simplement de les repérer et de se donner le choix permanent du fonctionnement limbique ou néocortical.

Ce travail permet de repérer également ce qui est spécifiquement, authentiquement différent chez chacun, ce qui fait le relief de sa personnalité, ce qui fait que chaque individu est unique. Les relations avec les autres s'en trouvent plus riches, l'amour est renforcé par la différence, de même que la synergie entre les individus ou entre les groupes culturels :

– un *couple* est plus fort et plus uni si chaque élément du couple respecte et cultive la différence authentique de l'autre ;

– une *entreprise* est plus forte et plus performante si elle accepte et si elle cultive ses différences (ce qui fait sa personnalité) au lieu de les gommer pour tenter de ressembler au standard de la bonne gestion technocratique ;

– de même, l'*entreprise* est plus forte et plus performante (et... plus agréable à vivre) si elle incite chaque salarié à respecter et à cultiver sa propre différence. Plus la pression normalisante technocratique est forte, plus nous avons intérêt à préserver cette différence, mais plus c'est difficile. La tendance aux entreprises toujours plus grandes entraîne le nivellement des individus. L'enjeu de la rémanence des petites et moyennes entreprises réside entre autres dans le maintien d'une culture différenciée et riche d'une offre de produits et de services suffisamment nombreuse pour permettre le libre choix, donc l'expression de la personnalité de chacun, et in fine le bonheur ;

– on trouve le même type de problème et le même type d'enjeu au niveau *politique* : la sécurité des nations et la recherche du meilleur enrichissement collectif poussent les États à fusionner, comme les entreprises : fusion réglementaire économique et commerciale, puis financière, politique et derrière tout cela, fusion culturelle qui représente un risque majeur pour le maintien d'un enrichissement de notre culture. Si par exemple, nous ne souhaitons pas que la construction de l'Europe se traduise par un appauvrissement culturel, il nous faut très rapidement renforcer la puissance et l'autonomie des régions pour faire contrepoids au nivellement technique et réglementaire, par ailleurs infiniment respectable et utile.

Refuser catégoriquement tout sentiment de culpabilité

Lorsque survient une émotion, la première investigation à mener pour éliminer la pensée nuisible, c'est de vérifier s'il n'existe pas un sentiment de culpabilité latent. C'est effectivement l'un des principaux motifs d'urgence. Le sentiment de culpabilité a complètement envahi notre univers relationnel : une grande part de nos échanges peuvent se résumer à des transferts de culpabilisation, ressemblant ainsi au jeu de chat perché qui consiste à se sauver en touchant quelqu'un d'autre.

Philippe se sent coupable de n'être pas assez fort, intelligent ou influent pour empêcher Sophie d'être malade et de souffrir, selon un modèle social qui veut que les parents doivent être dotés de pouvoirs magiques... Ce sentiment de culpabilité se transforme en agressivité puisque l'intelligence n'est pas d'accord (il aurait pu tout aussi bien déboucher sur de l'anxiété ou de la dépression), et Philippe exprime sa colère à l'encontre de

Sophie à laquelle il reproche d'être tombée malade : « Elle aurait dû faire attention et mieux se couvrir en allant à l'école. » Du coup, Sophie, culpabilisée, devient à son tour agressive et transfère la faute, soit sur son père (retour à l'envoyeur), soit sur sa mère ou sur n'importe qui, en l'occurrence son frère : « Normal, Rémy m'avait piqué mon imper ! »

Mais l'histoire ne s'arrête pas là car le sentiment de culpabilité ne s'est pas éteint complètement malgré le passage du témoin, il a ranimé un sentiment de culpabilité généralisé qui existe à l'état latent dans la plupart de nos cerveaux limbiques (et qui est probablement à l'origine du mythe du péché originel). Ce sentiment diffus de culpabilité génère ou entretient une urgence que Philippe, puis Sophie, puis Rémy vont garder en eux pendant quelque temps, et qu'ils vont tout faire pour propager : arrivé à son bureau, Philippe réprimande sa secrétaire sous le prétexte qu'elle aurait dû lui sortir un dossier la veille ; elle-même se rebiffe en disant que c'est injuste (elle est en urgence parce que son cerveau limbique « achète » la thèse selon laquelle elle est effectivement coupable de légèreté ou d'insuffisance, ce que son intelligence évidemment désapprouve). Quant à Sophie, elle rencontre sa meilleure amie qu'elle agresse sous le prétexte qu'elle ne lui a pas téléphoné pour prendre de ses nouvelles, ce qui prend son amie au dépourvu, la vexe, la fâche, la fait réagir sous la forme d'un autre reproche. Et ainsi de suite. Toute cette mauvaise foi initiée par le sentiment de culpabilité s'explique par le fonctionnement du système en cascade :

– un reproche direct ou indirect enclenche le programme limbique « sentiment généralisé de culpabilité » ;

– le néocortex exprime son désaccord sur ce programme ;

– le reptilien entend ce désaccord entre les deux autres cerveaux et déclenche l'alarme grâce à un état d'urgence. Par exemple un état de lutte ;

– le cerveau limbique cherche une explication d'allure rationnelle à la colère pour justifier le programme sur le sentiment de culpabilité : « Normal que je sois en colère, elle ne m'a même pas téléphoné ! » (Ce qui veut dire en substance : « C'est vrai je suis coupable, mais c'est elle qui m'a poussé à la faute. » Alors que, pour l'intelligence, la notion de faute n'existe pas.)

– Le cerveau limbique cherche à se venger de l'autre, qui a créé une souffrance de dévalorisation, lui rend la monnaie de sa pièce en décochant un reproche cinglant : « Tu ne m'as même pas téléphoné. » Il n'est pas nécessaire que le reproche soit fondé, il suffit qu'il donne le change au cerveau limbique et qu'il permette de se débarrasser de la faute. Et en même temps, le limbique profite du partenaire pour assouvir sa colère à travers la vengeance et la véhémence des propos.

Pour rompre cette chaîne infernale, il suffit d'introduire de la réassurance et de la *confiance* là où le limbique recherche et exprime la *faute*. Il suffit par exemple que la secrétaire de Philippe ne tombe pas dans le piège et témoigne à son patron toute l'admiration et l'estime qu'elle lui porte en invoquant quelques raisons plausibles pour voir instantanément l'urgence de Philippe tomber car son sentiment de culpabilité aura disparu. Il suffit que l'amie de Sophie désamorce le mécanisme en témoignant à Sophie sa confiance et son admiration dans des domaines qui sont ceux où Sophie ressent le plus son insuffisance.

C'est au moment de l'enfance qu'apparaît (inné ou acquis ?) ce sentiment généralisé de culpabilité, véritable ciment du dressage de l'enfant. Il est facile de constater que dès la prime enfance, un bébé est réputé « sage » et « gentil » quand il ne pleure pas, c'est-à-dire en fait quand il ne souffre pas, alors qu'à l'évidence, ce n'est vraiment pas de sa « faute ». Il est donc très tôt culpabilisé pour des fautes qu'il n'a pas commises, et il en sera ainsi tout au long de sa vie. En amont, ce sont les parents qui se sentent coupables de ne pas pouvoir empêcher leur enfant de souffrir et qui, inconsciemment, se déchargent sur lui de la faute qu'ils n'ont pas commise. Au fur et à mesure de sa croissance, les reproches vont se faire plus nombreux, et l'enfant va enraciner dans sa mémoire programmante (cerveau limbique) qu'il n'est pas gentil, pas sage, et surtout qu'il est... coupable.

Pourquoi le sentiment de culpabilité n'est-il jamais pertinent ?

Parce qu'il sous-entend qu'on aurait pu agir autrement. Or par définition, si on agit d'une certaine façon dans un contexte donné, c'est qu'un certain nombre de paramètres, personnels ou extérieurs, nous ont amenés à cette action-là. Comment pouvons-nous être responsables de ces paramètres ? Lorsque, sous un microscope, on observe les mouvements d'une cellule sanguine par exemple, chacun de ses mouvements est dû à l'interaction de très nombreux paramètres, internes et externes à la cellule ; est-elle responsable de ses mouvements ? Pour partie, oui, c'est sa mission biologique qui la pousse à les accomplir. Peut-elle en être « coupable » ? A-t-elle la possibilité de faire d'autres mouvements ? En théorie oui, en pratique, si elle a accompli une série x de mouvements, c'est mathématiquement qu'elle ne pouvait en accomplir une autre.

Quand Philippe agit, il est soit « sous limbique », soit « sous néocortex ».

– S'il est sous l'emprise de ses conditionnements, innés ou acquis, on admettra facilement qu'il ne peut pas être rendu coupable de ses « conditionneurs » : le chien de Pavlov ne peut pas être rendu coupable des conditionnements que Pavlov lui a forgés, ni de ceux qu'il a reçus dans son patrimoine génétique.

– S'il agit avec le meilleur de son intelligence, moulinant au mieux toutes les informations dont il dispose, alors, que peut-on lui reprocher ? Et que peut-il se reprocher ? Si c'était à refaire, dans le même contexte, comment pourrait-il choisir une autre voie ?

La plupart du temps, il y a mélange de l'influence limbique et néocorticale dans les actes ; et cela ne change en rien l'analyse précédente : ce qui vient du limbique, il n'en est pas responsable, il ne devrait donc pas s'en sentir coupable, et ce qui vient de son néocortex, il ne peut pas faire mieux dans l'exploitation des données en sa possession.

Dans tous les cas, il ne devrait rien se reprocher. Bien

Le chemin du bonheur

entendu, il peut être reconnu coupable par la société pour avoir commis une faute, telle personne peut lui reprocher de lui avoir éventuellement fait du mal, il peut entendre ces récriminations et le cas échéant s'y soumettre, il peut mémoriser l'expérience qui lui servira peut-être une autre fois, mais en aucun cas il ne doit se reprocher quoi que ce soit personnellement : il ne pouvait pas faire mieux ou autrement. Responsable sûrement, coupable aux yeux des autres peut-être, mais pas à ses propres yeux.

Ne croyez pas qu'il s'agit là d'un excès d'indulgence vis-à-vis de la société : ce n'est pas le sentiment de bonheur ni la tendresse qu'on a pour soi-même qui font commettre des crimes, c'est l'inverse, c'est le sentiment de culpabilité qui est à l'origine de la plus grande part des états d'urgence, eux-mêmes à l'origine de la drogue et de la délinquance.

La notion de libre arbitre n'est pas mise en cause par cette affirmation, chacun reste incontestablement libre de faire ce qu'il fait au moment où il le fait. Simplement il s'agit d'une liberté théorique, éthique, philosophique. En fait, cette liberté, tout comme le hasard, définit un immense champ de possibilités au sein duquel l'individu choisit une option, et ce choix est la résultante de son histoire, de ses conditionnements, de sa capacité de réflexion, de son état de santé, de l'ambiance atmosphérique, de sa fatigue, etc. Chacun de ces paramètres réduit de fait le champ de liberté théorique de l'individu jusqu'à le supprimer totalement, et à constater que les choix de l'individu ne sont pas autre chose que le résultat de sa culture et de sa biologie. Mais il reste néanmoins utile que chacun ressente réelle cette notion de libre arbitre et se sente fondamentalement libre ; c'est une condition essentielle d'une bonne organisation de la société, c'est une excellente règle du jeu, une incontournable pétition de principe.

Nous devons bien faire la distinction entre la *culpabilité*, qui est un fait juridique, social, ou technique, et le *sentiment de culpabilité*, qui correspond à une manipulation psychologique, à un conditionnement d'autodénigrement, systématiquement censuré par le néocortex, parce que jamais pertinent. L'origine d'un problème, la ou les responsabilités peuvent être utilement recherchées de façon à éviter que le problème ne se reproduise. Mais la culpabilisation est d'une autre nature : elle vise à atteindre le cerveau limbique pour programmer des réflexes d'interdiction vis-à-vis de certaines situations. Elle est couramment utilisée dans le dressage des animaux ou des personnes (en particulier les enfants). Malgré l'âge adulte, nous avons une propension naturelle, animale, à nous faire culpabiliser, et nous devons conserver une grande vigilance pour éviter ce piège.

Les personnes anxieuses, agressives ou tristes sont souvent simplement des personnes qui ont un fort sentiment de culpabilité. Si elles parviennent à se libérer de ce poids, elles peuvent vivre une autre vie, leur propre vie.

Une bonne façon de sortir d'un sentiment de culpabilité, c'est de se pardonner

En effet, la culpabilisation suppose un jeu à deux acteurs, en l'occurrence la pensée conditionnée et l'intelligence. La première joue le rôle d'un juge qui condamne, et l'intelligence crie à l'innocence morale puisque par définition, l'individu ne pouvait pas faire autre chose que ce qu'il a fait. Le limbique est l'instrument de la culture qui l'a programmé ; le néocortex représente la personnalité profonde de l'individu et l'avenir de l'espèce humaine. C'est donc également le jeu de la « bêtise » (cerveau « animal ») face à l'intelligence. La bêtise condamne, l'intelligence comprend, aime, accepte, et mène les actions correctrices sans état d'âme, c'est-à-dire sans émotions pathologiques.

Pour rester dans ce jeu de rôle, il convient dès lors de faire jouer au limbique un autre personnage que celui du juge, par exemple un rôle de bon papa gâteau qui comprend et qui apaise. Et d'appliquer cet état d'esprit à la situation vécue au moment où l'on ressent un sentiment de culpabilité. C'est une première étape, pour desserrer l'étreinte du limbique et commencer à respirer. Puis, très vite, on peut se passer de jeu de rôle, et revenir à une simple réflexion néocorticale qui va peu à peu déjouer tous les pièges de la culture culpabilisante.

On peut aussi se faire aider par un groupe au sein duquel on établit de nouvelles règles du jeu : développer une vigilance réciproque pour éviter de tomber dans le piège, se rassurer mutuellement, se déculpabiliser mutuellement ; dans un tel groupe, les tensions diminuent peu à peu, la sérénité et le bonheur s'installent, les erreurs sont beaucoup moins fréquentes. La famille ou l'entreprise devraient devenir de tels groupes de soutien. Il suffit pour cela de :

– bien prendre conscience du phénomène en observant attentivement le fonctionnement de différents groupes humains ;

– accepter sa propre imperfection, c'est-à-dire accepter aussi bien son aptitude à culpabiliser qu'à être culpabilisé(e), et

– travailler essentiellement sur son propre sentiment de culpabilité afin de le réduire.

Si une seule personne développe cette attitude au sein du groupe, la chaîne infernale de la culpabilisation est coupée, cette personne agit à la manière d'un isolant ou d'un disjoncteur, diminuant ainsi considérablement le niveau moyen de sentiment de culpabilité, et transformant peu à peu le cercle vicieux de la culpabilisation en cercle vertueux du bonheur.

On peut aussi utiliser les moments de méditation pour passer en revue l'ensemble de ses relations, familiales, professionnelles et amicales, et tenter de déceler tous les sentiments de culpabilité qu'elles recèlent. Par exemple vis-à-vis de :

– sa femme ou de son mari avec lequel ou laquelle on ne se sent pas assez prévenant(e) ou à l'écoute, alors que « pourtant, il ou elle le mérite bien... » ;

– ses enfants que l'on éduque mal ou que l'on n'aime pas assez ou auxquels on ne dit pas assez qu'on les aime,

Le chemin du bonheur

ou auxquels on ne sait pas parler, ou qu'on ne sait pas aider à un trouver un emploi, « je suis un mauvais père ou une mauvaise mère... » ;

— ses parents auxquels on n'accorde pas l'affection « à laquelle pourtant ils ont droit » ;

— ses amis que l'on n'appelle pas assez souvent, « alors que eux se mettent en quatre pour me faire plaisir, je ne suis vraiment pas sympa... » ;

— son supérieur hiérarchique auquel on n'a pas rendu le rapport dans le délai prévu, « j'aurais dû me débrouiller autrement... » ;

— ses salariés auxquels on n'accorde pas assez de temps ou vis-à-vis desquels on est trop tolérant(e), ou pas assez, ou trop proche, ou trop distant(e), ou trop interventionniste, ou pas assez, « je ne suis pas un(e) bon(ne) patron(ne)... », etc.

Savoir profiter de ces instants de méditation tranquille pour apprendre à défaire de plus en plus vite les « nœuds » que le sentiment de culpabilité insère dans la relation avec les autres, et donc dans la relation à soi-même.

Savoir accepter sa propre imperfection comme un don du ciel et non pas comme une tare, déceler ce que ces soi-disant imperfections cachent comme qualités de cœur, comme souffrances muettes ou comme tentatives de progrès personnel.

Savoir accepter que l'espèce humaine repose sur l'imperfection et donc que le culte de la perfection est une dérive limbique que l'intelligence ne peut pas cautionner. Le progrès systématique fondé sur l'exploitation des erreurs fait partie du programme du génome humain et du programme de l'espèce humaine. Vouloir faire plus ou mieux est voué à l'échec, le fanatisme tue à la fois le bonheur, le sien et celui des autres, et l'amour.

Savoir comprendre que dans la parabole de la paille et de la poutre, où l'on est censé voir la paille dans l'œil de son voisin et ne pas voir la poutre qui est dans le sien, c'est l'inverse qui est vrai : on ne cesse de voir des énormes poutres dans son propre œil ; alors, pour se décharger un peu de ce fardeau, on cherche quelques pailles dans l'œil de ses voisins ! Se pardonner à soi-même amène *automatiquement* à pardonner aux autres.

Eviter la dramatisation

« Attention ! C'est très grave. Ecoute bien ce que je vais te dire... »

Tout comme le sentiment de culpabilité, la *dramatisation* n'est jamais pertinente. Elle correspond à une enflure de la réalité destinée à installer ou à conforter une émotion, peur, colère ou déprime. C'est un instrument de manipulation mentale fréquemment utilisé et assez puissant qui diffuse une sensation de danger propice à la mobilisation du cerveau limbique. La dramatisation est en particulier utilisée par les différents pouvoirs (politique, religieux, économique, scolaire, parental, journalistique) pour mener les autres dans la direction qu'ils souhaitent, à les motiver par la crainte, que ce soit la crainte de Dieu, des concurrents, ou d'autres fléaux plus ou moins réels. Il est difficile de rester serein à leur contact : l'émotion est contagieuse et il convient d'être vigilant.

Il existe aussi des mots ou des pensées qui suscitent systématiquement la dramatisation, comme la maladie, la mort, la justice, l'honnêteté, etc.

N'importe quelle pensée intelligente peut être polluée par la dramatisation. Par exemple, au lieu de dire ou de penser : « J'aurais plus de chances d'avoir un emploi si je savais parler anglais », ce qui peut être un constat intelligent dans certains contextes, la dramatisation va donner :

« Il est indispensable, vital, très très important que je sache parler anglais, sinon, je vais rester chômeur toute ma vie », ce qui est néocorticalement faux. Ce n'est bien sûr pas le fond de l'idée qui est faux, c'est l'exagération, l'emphase, la dramatisation. Pour le néocortex, rien n'est indispensable, rien n'est important, l'intelligence ignore les notions d'importance ou de hiérarchie, qui n'ont aucun sens pour elle. Pour le néocortex, tout peut arriver, tout est bien, même la mort qui est un passage vers l'inconnu (ce qui est inconnu n'est pas forcément redoutable) ; même la maladie et la souffrance qui sont certes désagréables, mais qui n'empêchent pas le bonheur. Et puis, le fait de parler anglais est dans certains cas un atout, mais pas plus que le sens des relations humaines, la capacité de s'intéresser aux problèmes techniques ou scientifiques, la « bosse du commerce », la compétence en gestion administrative ou financière, etc. Donc, le fait de parler anglais n'est qu'un facteur parmi d'autres qui positionne une candidature sur le marché du travail.

Souvent, dans les entreprises, on a recours à la dramatisatisation pour renforcer la motivation limbique des salariés à faire certaines choses. Mais cette technique a un revers : en mettant les personnes en urgence, on les coupe d'une partie non négligeable de leur intelligence qui ne s'exprime clairement qu'en l'absence d'émotion. Autant cette méthode peut être intéressante pour des enfants dont on recherche l'obéissance aveugle, autant chez des êtres adultes dont on souhaite exploiter tout le potentiel, elle est plus néfaste qu'utile.

Comme parade à la dramatisation, *le sourire* est un excellent talisman. Un sourire peut être désarmant parce que précisément il parvient à détruire certaines tentatives de dramatisation, tentatives qui s'apparentent à une agression. Non pas un sourire dédaigneux ou ironique, ni un sourire triste ou sceptique, je parle ici du sourire tendre et détendu, ouvert sur l'autre et donc sur soi, empli d'indulgence et de sérénité. Le sourire est une excellente parade face au risque de contagion limbique, qu'elle soit de nature agressive, anxieuse ou dépressive. Il est bon de l'avoir en permanence disponible et de l'afficher intérieurement lors de ses prières ou de ses méditations. Faites l'essai : fermez les yeux et souriez, vous sentirez les modifications profondes que le sourire amène dans vos pensées et dans votre corps (les muscles et les tensions se relâchent quasi immédiatement). C'est une véritable « potion magique » contre la dramatisation, ce stress négatif que répand très largement notre société.

Apprivoiser sa peur de la mort

Notre vision de la mort est culturellement triste, pessimiste, voire terrifiante. Elle provoque un rejet de tout ce qui la touche de près ou de loin. Les hôpitaux sont rejetés à la périphérie des villes car ils véhiculent la vision de la maladie et de la mort. De même les cimetières sont hors des villes. Les familles préfèrent envoyer leurs mourants à l'hôpital, et pas seulement pour des raisons techniques. L'idée de la mort provoque un état d'urgence qui va plus loin que le seul instinct de conservation. Si l'image de la mort, noire et lugubre, provoque un état d'urgence, c'est que l'intelligence ne l'accepte pas.

La mort devrait-elle pour autant être colorée en rose ? Non, et les religions qui le font (résurrection, réincarnation) ne diminuent pas l'angoisse car le néocortex « n'achète » plus les idées simplistes et vieillottes. Mais entre le noir et le rose il y a de la place pour l'absence de couleur : nous ne savons rien de la mort, si ce n'est qu'elle traduit la fin de quelque chose qu'on appelle la vie. Nous ne savons pas s'il y a une vie après la vie, si ce que nous allons trouver derrière cette porte est agréable, mais ce que nous savons, c'est que nous n'avons non plus aucun indice contraire. La mort représente peut-être la fin du plaisir, voire du bonheur. Mais pourquoi n'y aurait-il pas autre chose, encore meilleur, « après » ? Et de fait, « après » n'a de signification que pendant la vie puisque le temps n'a de sens que chez l'homme, la notion de temps nous est propre et totalement subjective ; la mort est donc une porte vers le non-temps, réalité que nous avons de grandes difficultés à imaginer. *La mort, c'est l'inconnu, et l'inconnu fait peur au cerveau limbique, alors que le néocortex s'en délecte.*

La mort est la fin d'une forme, la fin d'une conscience de forme. Nous apitoyons-nous sur la mort du spermatozoïde qui vient de féconder l'ovule ? Ou sur la mort de l'ovule qui donne naissance au fœtus ? Le spermatozoïde et l'ovule pourraient avoir peur de la mort, peur du néant, alors que pour nous, vu de plus haut, il est clair qu'ils participent à un processus de transformation permanente qu'on appelle la vie. Depuis la création de l'univers, de notre univers, le nombre d'électrons est inchangé. L'électron, c'est le matériau de base du jeu de construction qu'est la vie, à partir de cet élément s'élaborent des formes sans cesse plus sophistiquées, plus intelligentes. La mort est une étape, une interface entre deux formes, par exemple l'interface entre le spermatozoïde et l'ovule fécondé, entre l'ovule et le fœtus, entre la chenille et le papillon, entre la graine et la plante.

A l'intérieur de notre univers, la mort marque une transformation qui va dans le sens d'un enrichissement. Et l'amour inconditionnel de la vie que développe l'état de bonheur se porte tout autant sur sa propre vie et celle des autres, des animaux, des arbres, que sur la Vie avec un grand V, c'est-à-dire ce gigantesque processus dont nous ne sommes qu'une portion, une étape. Le néocortex accepte la mort de l'individu comme condition *sine qua non* de la vie du groupe ou de l'espèce, alors que le limbique et le reptilien sont organisés pour préserver à tout prix la vie de l'individu. Par une écoute assez fine, on peut sentir à l'intérieur de soi les tensions différentielles entre ces trois positions respectives à l'égard de la mort.

La peur de la mort, ou la vision noire de la mort provient, entre autres causes, d'une excessive focalisation sur la notion d'individu : pour l'individu, la mort est une fin, indéniablement, mais si sa vie a du sens, sa mort en a aussi. Comme la fin d'un repas, ou la fin d'une mission ; si le repas ou la mission n'avaient pas de fin, c'est que la mission ou le repas n'auraient pas de sens. Notons que les mots « fin » et « finalité » sont de la même famille, la fin de la vie donne sa finalité à la vie. Le sens de la mort se conjugue avec le sens de la vie. La recherche du bonheur conduit à optimiser sa mission individuelle au service d'une cause qui échappe à l'individu, et en vivant l'instant, l'angoisse du futur s'estompe dans un amour de la vie teinté d'optimisme et de confiance. Ce n'est pas du calcul, ce n'est pas un pari, c'est un constat qui, de plus, est logique dans le cadre scientifique que nous avons dessiné.

La vie est une bulle de temps dans un univers qui probablement n'en « compte » pas, mais qui n'est pas le néant puisque la notion de « néant » est vide de sens pour la raison (l'image du néant est une matérialisation de l'angoisse). La fin suppose le début, le début suppose la fin, la porte s'ouvre dans les deux sens, alors on peut développer à propos de la mort les mêmes idées souriantes qui nous viennent à propos de la naissance.

Pour toutes ces raisons, et d'autres encore que j'ai développées dans un précédent ouvrage, il est irrationnel de représenter la mort comme un horizon détestable. Il est tout aussi inapproprié de projeter le fantasme d'un monde merveilleux avec nos yeux à nous, nous n'en savons rien et il est inutile de forcer le trait. Retrouver une interprétation ouverte et assez neutre de la mort permet de supprimer l'état d'urgence relatif à la vision noire de la mort et de se donner une chance de plus d'atteindre le bonheur. Pour cela, il convient d'y réfléchir personnellement pour produire ses propres réflexions néocorticales, ses propres conclusions, mais on peut également se laisser inspirer de nouvelles idées par des livres d'ouverture comme ceux de Pierre Lance (*La Prodigieuse Aventure de la mort*), de Stephen Levine (*Qui meurt ?*), et/ou de Patrice Van Eersel (*La Source noire*, et le très récent *Réapprivoiser la mort*). Il convient aussi de se confronter souvent à la mort, faute de quoi les anciens conditionnements, les anciens évitements se reforment assez vite. Y penser un petit peu chaque jour pour vérifier et enrichir l'ensemble de ses raisonnements est nécessaire au maintien du bonheur. Rester en contact, veiller à ne pas faire de rejet, à ne pas avoir de réflexe d'évitement par rapport au sujet.

Dans de nombreux cas, l'évitement réflexe de cette question de la mort se transforme à la longue en mécanisme phobique : la confrontation devient chaque jour plus douloureuse et donc la force de l'évitement plus grande encore. Pour pallier ce problème qui peut devenir pénible et handicapant, il faut pratiquer cette gymnastique qui consiste à se rapprocher chaque jour de l'objet

Le chemin du bonheur

de la phobie, en l'occurrence la pensée de la mort ou ce qui tourne autour : la souffrance et les personnes qui souffrent, la maladie et les malades, le handicap et les handicapés.

Faire de la mort son compagnon quotidien ne rend pas plus triste, au contraire. Si on a la chance de connaître des personnes qui travaillent avec les mourants, on peut constater que la plupart ont un comportement extrêmement chaleureux et jovial, caractéristique de ceux qui savent ce que c'est que la vie, qui savent vivre chaque moment avec beaucoup d'amour. Non pas qu'ils se dépêchent avant qu'il soit trop tard, mais ils sont tranquilles, sans angoisse, alors que l'agitation et l'angoisse viennent généralement du refus de la mort, du refus de la maladie, du refus de la souffrance. Ce sont ces refus qui peuvent faire passer les êtres humains à côté de leur vie, à côté de l'amour.

Mettre de l'art en toutes choses

L'art a longtemps été considéré comme devant représenter l'expression du « beau ». Aujourd'hui, on sort peu à peu de cette définition, découvrant que le beau n'est pas absolu mais relatif, relatif à une personne et à une époque. L'art a en effet considérablement évolué dans notre histoire.

Après *l'art « reptilien »* ou ludique (spontané, venu du fond de soi, non réglementé, non hiérarchisé), s'est développé *l'art « limbique »* qui représentait et organisait une hiérarchie dans le domaine de l'esthétique, c'est-à-dire le culte de la forme, du « look », académie à laquelle chacun devait se soumettre, artistes, étudiants, consommateurs. Aujourd'hui, cette tendance persiste, bien sûr, mais elle commence à être dépassée par une autre tendance, *l'art « néocortical »*, qui rend à l'individu sa liberté de goûter ou non telle peinture, telle sculpture, telle littérature, et l'offre devient chaque jour plus diversifiée. Et de plus, la recherche du beau s'estompe peu à peu derrière une autre recherche, de créativité, de force émotionnelle, de décalage culturel, d'illustration de la réalité sociale, d'exploration des potentialités de l'homme et de la technologie. L'art est progressivement investi d'une nouvelle mission, celle d'accompagner et de faciliter l'épanouissement des hommes en mettant en évidence les croyances et les blocages de notre société.

L'étude et la contemplation de ces nouvelles œuvres d'art facilitent l'accès au bonheur en favorisant la prise de contact avec ses rigidités et avec ses peurs. Plus rien n'arrête l'artiste dans sa provocation, ni les mélanges audacieux de formes, de couleurs ou de matières, ni les pieds de nez à une certaine rationalité, tout est une occasion pour « déranger », mettre en évidence les résistances, les impostures, les hypocrisies, les contradictions de notre société. Une confrontation avec de telles œuvres (à condition de dépasser ses réactions de dégoût, de rejet, de mépris, de peur, d'agacement) permet en fait de se confronter avec ses propres blocages, ses hypos, et donc de se doter de pistes pour son bonheur.

La contemplation active des œuvres des autres correspond déjà à un certain travail. Mais l'activité artistique personnelle permet encore mieux d'exprimer le fond de soi-même, en apprenant à distinguer les images néocorticales et les images limbiques, celles qui émanent de sa personnalité spécifique et celles qui sont le produit de l'influence conditionnante de l'environnement et de l'histoire :

— lorsqu'on reproduit une image limbique, un standard classique, on a un sentiment de travail bien fait, de sécurité, de douceur, d'apaisement (l'exemple type est le coloriage selon modèle que l'on propose aux jeunes enfants) ; il s'agit de la reproduction fidèle d'une image mémorisée, on peut retrouver la même sensation en musique ou dans d'autres domaines de l'expression artistique ;

— lorsqu'on parvient à exprimer une image néocorticale, la sensation est différente : il y a d'abord une certaine souffrance, plus ou moins grande selon les résistances à vaincre (ce qui amène certains artistes à utiliser des drogues plus ou moins douces pour se désinhiber, c'est-à-dire pour faciliter cet « accouchement » en levant les barrages des conditionnements), et puis, tout de suite après, une sorte d'orgasme, une sensation de liberté, de puissance incroyable, un plaisir très intense qui peut durer assez longtemps en contemplant le produit de « sa chair ». Il y a vraiment création.

Pour créer, il ne faut pas se forcer, la création est un processus naturel, biologique. Ce qu'il faut, c'est lever les blocages qui freinent le processus ou qui le paralysent. Pour bien mesurer ces blocages, et ensuite pouvoir les supprimer, il n'y a rien de tel que de se mettre face à une toile blanche avec des pinceaux. Voici le type de commentaires stérilisants que le cerveau limbique distille à la conscience avec quelques réponses que le néocortex pourrait faire :

– limbique : « Je ne sais pas faire », « je n'ai pas appris », « je ne suis pas compétent(e) » ;

– néocortex : « L'art n'est pas de la compétence, ni de la technique, c'est l'expression de sa personnalité, de sa faiblesse et de sa force ; le seul apprentissage c'est l'expérience, qui permet de s'habituer à mettre son âme à nu. Il n'est pas nécessaire de savoir jouer du piano, on peut inventer sa façon personnelle de l'utiliser. Il n'est pas nécessaire de savoir peindre pour s'exprimer dans la peinture, ni de savoir écrire pour s'exprimer dans la poésie. La compétence technique mène au développement du plaisir, l'expression de soi mène au bonheur. Le plaisir de savoir ou de connaître est bien inférieur au bonheur d'être et de découvrir par soi-même les dédales de la relation unique et créatrice entre soi et l'art. L'art est un révélateur, un guide, un maître, un ami » ;

– limbique : « Ce que je fais est nul », « qui va pouvoir me dire si ce que je fais vaut quelque chose ou non ? » ;

– néocortex : « L'art n'admet aucune référence, aucun classement, aucune hiérarchie, aucun jugement ; l'artiste, pour être lui-même ou elle-même, doit totalement se défaire de ces pratiques grégaires, courantes non dans l'art mais dans le marché de l'art, ce qui est une tout autre affaire. Le seul paramètre à considérer, c'est la justesse de l'œuvre, sa cohérence, sa vibration harmonique avec l'artiste au moment de sa "fabrication". Le

travail de l'artiste est de chercher à être juste, c'est-à-dire en ligne avec soi-même » ;
– limbique : « Je n'ai pas assez de temps pour faire quelque chose de cohérent », « je perds mon temps » ;
– néocortex : « L'art n'a rien à voir avec le temps mais avec l'envie d'exprimer quelque chose. Il suffit de ressentir cette envie, ce besoin, comme une pulsion profonde et en faire un exercice du bonheur, lui consacrer un peu de temps. Comme pour une méditation ou une rencontre, le temps n'est pas un paramètre essentiel. »

La pratique de l'art, de tous les arts, est un excellent entraînement pour repérer et supprimer les commentaires que le cerveau limbique a mémorisés depuis l'enfance par souci grégaire d'être accepté par le groupe. Ces mêmes commentaires qui peuvent empêcher de peindre un tableau ou de faire du piano, ce qui n'est pas forcément grave en soi, empêchent de la même façon l'individu d'exprimer sa personnalité dans toutes les autres circonstances de la vie, dans toutes les autres activités, professionnelles ou privées, affectives, ludiques ou scientifiques, car toutes ces activités ont une dimension artistique qui traduit l'implication personnelle spécifique de l'individu, son authenticité, sa « touche personnelle ».

Au-delà des arts, l'art est avant tout une façon de vivre sa vie avec l'authenticité qui renforce et fait rayonner la personnalité et le dilettantisme qui lève la dramatisation et l'anxiété. Il peut y avoir de l'art dans la relation amoureuse ou dans le marketing, dans la médecine ou dans la construction mécanique, dans la recherche ou dans le ménage, dans l'éducation ou dans le sport, bref, l'art peut se manifester partout. Il apporte cette touche de fantaisie et d'inutilité qui donne du relief à l'existence, du sel à la vie, il évite de se prendre trop au sérieux et de sombrer dans un utilitarisme forcené. Et surtout, l'art est le véritable gardien de l'intelligence et du bonheur car il déjoue de nombreux pièges limbiques : pour l'art, pas de comparaison, pas de hiérarchie, pas de lutte de pouvoir, pas de vérité, rien n'est jamais acquis, tout est un recommencement, chaque page est aussi nouvelle et aussi blanche à chaque fois, pas de temps, pas de délai, pas de loi, pas de règle, pas de norme.

L'enfer des mots

Certains mots provoquent un état d'urgence à leur seule évocation. Des mots comme *courage*, *volonté*, *égoïsme*, *générosité*, *culpabilité*, *tristesse*, *bêtise*, *ridicule*, *art*, *vulgarité*, *peur*, *amour*, etc. Il suffit de faire l'essai et de prononcer l'un de ces mots en se concentrant sur ce qu'il représente pour soi ; sentir l'urgence et sa légère émotion associée qui s'installent. Par exemple la simple évocation du mot *ridicule* fait souvent naître une petite gêne (état de fuite) ; le mot *égoïsme*, de la gêne ou de la colère ; les mots *amour* ou *bonheur*, une certaine forme d'attendrissement ou d'agacement, voire un peu de tristesse ; le mot *vulgarité* va souvent provoquer de l'agressivité, de même que le mot *bêtise*. Ces petites émotions presque imperceptibles sont le résultat d'un désaccord entre la pensée néocorticale sous-jacente et l'ensemble assez flou de conditionnements et d'automatismes grégaires que le cerveau limbique a mémorisés autour de ce mot.

L'explosion qualitative et quantitative de la communication dans notre univers médiatique devrait conduire à une meilleure précision des termes et des concepts employés. Mais c'est le contraire qui se produit, et la situation devient paradoxale : développement massif de la communication, et incompréhension croissante. Chacun utilise les mêmes mots, mais chacun leur confère une signification différente.

Il suffit parfois d'un mot porteur de concept pour nous mettre en urgence et nous faire souffrir. Un mot, un concept, une idée que nous n'aurons pas encore passés au crible de notre intelligence personnelle et qui ne seront pas acceptés comme valeurs sûres par notre néocortex. Pour le développement et la préservation du bonheur, il est donc extrêmement utile, sinon indispensable, que chacun se livre à un travail d'exégèse systématique. Non pas dans un but d'exhaustivité ou dans un esprit dogmatique, mais simplement pour repérer les références culturelles sur lesquelles repose notre société et dans lesquelles nous sommes emprisonnés si nous ne prenons pas conscience du fait que ce ne sont que des références.

Le but de ce travail d'analyse est de passer d'une pensée réflexe limbique floue, superficielle, impersonnelle et rigide, à une réflexion néocorticale ouverte, nuancée, précise, fine et complexe, propre à chacun. Rappelons que :
– pour l'intelligence néocorticale, il faut se méfier des évidences, aucune pensée n'est rigide, la gravité est un

concept à manipuler avec précaution, de même que l'importance car tout est important mais également rien n'est important, tout est relatif, évolutif et complexe ;
– pour le cerveau limbique, tout doit être clair et net, bien ou mal, triste ou gai, positif ou négatif, simple ou compliqué, la vérité doit être évidente, chaque chose, chaque personne doit être hiérarchisée.

Philippe a du *courage* une idée toute faite, celle de Monsieur Tout-le-monde, assez floue, un peu rigide, dont il se dégage que le courage est une vertu essentielle, qui fait « d'un homme un homme », et qu'à l'inverse, la *lâcheté* est une attitude critiquable et méprisable. En fonction des situations qu'il rencontre, il estime telle ou telle personne courageuse ou lâche, selon un jugement de valeur qui la rendra fréquentable à ses yeux, ou non. Il se juge lui-même assez lâche dans certaines occasions, et ce en fonction d'une vague définition du courage qu'il ne serait d'ailleurs probablement pas capable spontanément d'énoncer clairement et encore moins de développer. Définition dans laquelle interviendrait la notion de difficulté, de danger, de peur, mais d'une façon assez désordonnée. Son néocortex ne peut pas approuver cette « non-analyse » limbique, ces jugements superficiels, cette culpabilisation moralisante, et chaque fois que le concept de courage arrive à la pensée de Philippe, le néocortex tire la sonnette d'alarme et met le système en état d'urgence.

Lorsqu'un jour, il est conduit à réfléchir sur cette notion de courage, il découvre toute l'ambiguïté de ce concept : il existe un *courage intelligent*, le courage d'affronter ses croyances, ses conditionnements, ses

Le chemin du bonheur 147

peurs, et un *courage limbique*, qui l'incite à lutter contre sa propre personnalité, contre sa foi personnelle, contre sa conception de la vie, contre sa nature profonde :

– le « courage intelligent » le pousse à agir en conformité avec sa réflexion néocorticale, à aller au bout de sa personnalité profonde ;

– le « courage limbique » l'incite à faire ce que les autres attendent de lui ;

– le « courage intelligent » mène à la liberté et au bonheur, le sien et celui des autres ;

– le « courage limbique » mène à l'intolérance, à l'aveuglement, à la violence destructive et contagieuse, à l'état d'urgence.

Philippe découvre par la même occasion toute l'exploitation politique et sociale par l'exaltation de cette notion de courage, devenu essentiellement un instrument de manipulation.

Toute cette réflexion l'amène alors à modifier profondément le jugement qu'il porte sur lui-même, à parler en termes de conditionnements et d'espaces de liberté plutôt qu'en termes de valeur, de bien et de mal. Il en résulte aussi pour Philippe un changement d'habitudes, voire de relations : il commence à trouver ceux qu'il croyait « courageux » un peu moins systématiquement sympathiques, et ceux qu'il trouvait « lâches » un peu moins repoussants. Il commence à distinguer une multitude de nuances qu'il n'imaginait pas dans la réalité psychologique et sociale. Il s'épanouit. Il est plus heureux. Simplement grâce à une réflexion, au demeurant pas très longue. Il lui aura suffi d'une heure ou deux, par exemple la lecture d'un livre qui ouvre le néocortex (il y en a beaucoup qui le ferment), pour changer une vie.

Les mots concepts sont riches des progrès de l'humanité

Ils recèlent généralement de nombreuses dimensions : historique, scientifique, politique, sociale, psychologique, voire économique. Ils nécessitent donc de l'espace et du temps pour se mettre en juste place dans notre pensée néocorticale.

Il est souhaitable, sur le chemin du bonheur, de revenir en permanence sur leur approfondissement au fur et à mesure que la réflexion et la méditation procurent du recul. Comme en sculpture, l'œuvre s'ébauche peu à peu et la forme s'affine chaque jour. Mais avec le néocortex, le travail de l'intelligence n'est jamais fini : chaque expérience, chaque réflexion, chaque échange vient enrichir la pensée. Il convient donc de prendre du temps pour accueillir ces nouvelles perceptions du monde et de la vie. Le bonheur c'est du temps et... du travail.

Voici une liste de mots concepts qui peuvent créer du bonheur ou du malheur selon que l'on a ou non pris du temps pour laisser s'exprimer le néocortex sur tous ces sujets. Je me suis essayé à donner, en guise de « starter », une petite pensée personnelle à propos de chaque mot :

– *morale* (règle définie par les autres, qui fonde le jugement de valeur et le sentiment de culpabilité) ;

Le chemin du bonheur 149

— *religion* (pratiques très utiles qui reposent sur des croyances dépassées) ;
— *mort* (étonnante lumière qui éclaire la vie, et qu'on a pourtant beaucoup de difficulté à aimer) ;
— *Dieu* (magnifique invention conceptuelle encore très intéressante de nos jours si nous savons la faire évoluer) ;
— *courage* (il y a tellement à en dire que Jean-Louis Servan-Schreiber lui a consacré un livre entier !) ;
— *honnêteté* (c'est quand on me dit tout ce que j'ai envie d'entendre — concept très féminin) ;
— *honneur* (concept très masculin, voire « macho », donc un brin désuet) ;
— *volonté* (comme le courage, force aveugle à laquelle il convient de donner de l'intelligence) ;
— *liberté* (c'est une sensation, tout comme le bonheur, et qui se travaille de la même façon) ;
— *naturel* (concept obsolète, il ne recouvre plus aucune réalité scientifique ni philosophique) ;
— *sexe* (une cerise sur le gâteau de la vie, un remède aux difficultés de communication, un concept « fourre-tout » pour ranger nos désirs et nos frustrations, nos fantasmes et nos blocages) ;
— *spontanéité* (expression non réfléchie, donc libre de toute volonté manipulatoire et de toute hypocrisie, mais également expression réflexe donc conditionnée, donc impersonnelle ; encensée à tort, comme le « naturel ») ;
— *conscience* (souvent utilisée, comme la morale ou l'éthique, pour culpabiliser les pauvres gens ; exemple : conscience professionnelle. Représente pour moi la partie émergée de l'iceberg de la pensée, tant limbique que néocorticale, et aussi la puissance arbitrale entre les

deux cerveaux ; incarne également la partie transcendantale de l'être humain, la partie qui ne meurt pas, l'« âme »...) ;

– *justice* (une part de vengeance, la loi du Talion, une part de protection, la prison, une part d'intimidation, la peur du gendarme... La part de vengeance devrait se réduire au profit de la prévention grâce à la connaissance du fonctionnement du cerveau) ;

– *sagesse* (concentré de valeurs négatives : la souffrance [la dent de sagesse est surtout celle qui fait souffrir] ; l'ennui [les vieux sages sont des raseurs et les jeunes des pédants] ; la tristesse [« sois sage » signifie « arrête de t'amuser », « l'âge de raison » c'est l'âge où on doit commencer à avoir des soucis, à travailler]... Il y a un gros travail à faire pour réconcilier le sens premier, la connaissance, avec la joie de vivre et le bonheur sur terre) ;

– *vieillesse* ou vieillissement (la clé du bonheur si on parvient à dépasser ses peurs) ;

– *vulgarité* (franchissement par les autres, les « vulgaires », de ses propres interdits, de ses « hypos ») ;

– *fidélité* (besoin de sécurité grégaire ou engagement magnifique ?) ;

– *bêtise* (jugement limbique destiné à se rassurer sur sa propre consistance ; témoigne de ses propres peurs ; jamais pertinent ; désigne également la pensée « bête », la pensée animale, c'est-à-dire la pensée limbique) ;

– *science* (devrait désigner une certaine curiosité de la vie, une éthique de la connaissance et les méthodes permettant d'accéder à la connaissance ; malheureusement, il y a souvent confusion entre science et technologie, entre scientifiques et spécialistes) ;

– *hasard* (désigne ce que l'ensemble des lois physiques ne comprennent pas encore ; domaine de prédilection de la superstition) ;

– *effort* (désigne l'énergie qu'il faut dépenser pour faire des choses que l'on n'a pas envie de faire ; inversement proportionnelle à la motivation ; instrument privilégié de la culture judéo-chrétienne ; comme le courage et la volonté, permet le dressage et incite au sentiment de culpabilité) ;

– *certitude* (besoin excessif de sécurité qui signe l'existence d'une anxiété latente ; concept inutile à l'intelligence et à la science qui savent construire sur le doute) ;

– *réalité* (découle soit d'une sensation physique : voir, entendre, goûter, sentir, toucher ; soit d'une sensation mentale essentiellement limbique : ce qui existe, ce qui est vrai ; dans tous les cas, il s'agit d'un sentiment, d'une sensation, d'un désir qu'il existe un référentiel intangible ; mais tout porte à croire que ce n'est pas le cas ; difficile pour l'entendement de concevoir un monde sans réalité) ;

– *vérité* (référence absolue, révélation magique qui masque en fait la fragilité et la peur ; encore utilisée pour la manipulation et le conditionnement des masses) ;

– *intelligence* (trop souvent réduite à la seule capacité de résoudre des problèmes de robinet, comme dans le quotient intellectuel, produit de l'angoisse populaire [suis-je intelligent ?] ; s'oppose effectivement à la *bêtise* comme le néocortex peut s'opposer parfois au cerveau limbique, au fonctionnement automatique ; chacun est doté d'une même capacité d'intelligence et de bêtise, mais le recours spécifique à l'une ou à l'autre est variable en fonction de la culture et de l'éducation) ;

– *passion* (produit d'une attirance et d'une urgence, association du normal et du pathologique ; laisser tomber l'urgence permet de mieux ressentir et de vivre l'attirance, sans souffrance) ;

– *culpabilité* (s'interroger sur l'origine de la faute permet d'éviter de se poser les « bonnes » questions sur la conduite à tenir ici et maintenant) ;

– *temps* (trop souvent associé à une quantification : « quelle heure est-il ? », « combien de temps me reste-t-il ? », « j'ai perdu trop de temps » ; peut devenir une des grandes aventures scientifiques et philosophiques du siècle à venir : en découvrir l'élasticité, essayer de vivre l'instant pour avoir un goût de l'éternité, oublier le temps pour mieux vivre sa vie).

Ce ne sont que des exemples, et chacun doit créer sa propre liste des mots ou des concepts qui font partie de son champ de références, de sa culture. Mais attention, donner une feuille blanche à son intelligence, lui prêter un stylo et lui demander d'exprimer son point de vue, c'est aussi s'exposer à rencontrer de fortes résistances limbiques, sous forme de commentaires :

– « ça ne sert à rien » ;
– « je n'ai pas le temps » ;
– « je n'ai pas la compétence nécessaire »,

et d'autres encore. Il faut alors prendre le temps d'examiner ces commentaires, de leur apporter des réponses néocorticales qu'il est bon de noter pour pouvoir les

Le chemin du bonheur

ressortir facilement en cas de besoin. Au fur et à mesure qu'on progresse sur cette voie de « néocorticalisation » de la pensée, on voit émerger la sensation de bonheur. Le néocortex libéré ne manque pas de faire sentir qu'il est satisfait et c'est une véritable caverne d'Ali Baba qui s'ouvre au seul sésame de son désir. Le bonheur est là. A la portée de l'intelligence.

3.

Le bonheur et l'amour

Les trois formes d'amour

L'amour est le symbole par excellence du bonheur. On imagine mal le bonheur sans amour, et quand on parle d'amour, on entend souvent l'Amour avec un grand A. Mais voilà, on parle beaucoup d'amour, et on le définit rarement (de la même façon qu'on définit peu et mal le bonheur), comme si l'amour était une évidence, et qu'un excès de rationalité pouvait le ternir. Et si effectivement l'amour est une émotion, nous avons vu que la réflexion intelligente avait pour conséquence de tuer les émotions... Alors, l'amour, c'est quoi ? C'est une émotion (donc pathologique), ou bien c'est autre chose ?

Si nous nous écartons de tout romantisme et de toute projection littéraire et poétique, l'amour reste une réalité biologique fondamentale, une des caractéristiques essentielles de la vie, selon laquelle des êtres se rapprochent et construisent ensemble une part de leur avenir, une part de notre avenir. L'amour peut ainsi se définir comme

Le bonheur et l'amour

une pulsion qui marque notre attirance spécifique vers quelque chose ou vers quelqu'un.

Nous pouvons aujourd'hui aller un peu plus loin et différencier trois types de pulsions d'attirance : l'attirance reptilienne, l'attirance limbique et l'attirance néocorticale. L'amour peut être constitué de l'une, de l'autre, ou de la combinaison de ces trois types d'attirance.

L'attirance reptilienne (ou physique)

Elle pourrait représenter toutes les attirances inspirées par cette partie de notre cerveau qui veille au bon fonctionnement physiologique et à la conservation de l'individu et de l'espèce (boire, manger, dormir, faire l'amour). Au niveau du cerveau reptilien, l'attirance est représentée et objectivée par *le désir*, pulsion informative qui nous guide vers ce dont nous avons besoin au moment même où c'est nécessaire. Cette notion selon laquelle désir égale besoin n'est pas si courante dans notre culture. On laisse souvent accroire que le désir est « gratuit », que c'est une lubie de cet être incompréhensible et terriblement futile que serait l'homme. Il n'en est évidemment rien et nous découvrons chaque jour un peu plus et un peu mieux le pourquoi de chaque acte, de chaque « décision » de la nature. Comme le disait Einstein, « Dieu ne joue pas aux dés »...

Le désir est quantitatif et qualitatif. Il est d'autant plus fort que le besoin se fait pressant au niveau de l'organisme, mais il est également spécifique du besoin en question. Pommes plutôt que poires ou steack-frites, jus d'orange ou eau claire, courte sieste ou sommeil profond, attirance physique pour telle personne et pas forcément pour une autre. Il n'y a pas de désir « gratuit », et donc, pas de plaisir gratuit.

L'attirance reptilienne est un guide pour notre santé : elle oriente nos décisions dans le domaine de la nourriture, de la boisson, du sommeil et de la relation sexuelle.

L'attirance limbique (ou conditionnée)

C'est une attirance réflexe d'origine instinctive, donc innée, ou bien programmée par apprentissage ou par dressage. Le cerveau limbique cherche à reproduire automatiquement et systématiquement les situations qui nous ont déjà donné du plaisir. Tel paysage, tel aliment, telle personne. Ou plutôt tel type d'aliments, tel type de paysages, tel type de personnes. Bien souvent, les ressemblances peuvent être grossières. De la même façon, les programmes limbiques nous éloigneront systématiquement et automatiquement de tout type de personne ou de tout type de situation nous ayant occasionné une souffrance quelconque, physique ou psychique. Les réflexes d'attraction ou de répulsion seront d'autant plus forts que le plaisir ou que la souffrance auront été intenses et répétitifs.

Philippe mange souvent des pommes et avec plaisir (attirance reptilienne spécifique) et de ce fait, son limbique a enregistré l'information : il aime les pommes. Chaque fois qu'il voit une pomme, et indépendamment d'un désir physique, il est poussé vers elle. Automatiquement. Cette attirance est réflexe et doit être validée par le cerveau reptilien (j'ai effectivement faim, et oui, j'ai envie d'une pomme, ou pas) et par le néocortex (c'est intelligent de manger un peu maintenant, c'est intelligent de commencer par une pomme, ou pas). Ne voyez dans cet exemple aucune référence biblique aux relations historiques entre la pomme, le serpent, Eve et Adam. Encore que...

L'attirance limbique est une *habitude* qui n'est ni forcément mauvaise ou inadaptée, ni obligatoirement bonne. La vie nécessite une certaine routine pour permettre de fonctionner avec un minimum d'organisation sociale, mais à l'inverse, une trop forte dépendance par rapport à l'habitude, aux réflexes, est une négation de toute possibilité d'évolution et de découverte. On peut dire dans cet esprit que l'attirance limbique est un peu « bête », elle ne suffit pas au bonheur, et elle peut même le plus souvent en éloigner la personne. Elle doit être vérifiée par l'intelligence, en étroite complicité avec le cerveau reptilien, centré, lui, sur les besoins physiologiques profonds. Le limbique est le cerveau des automatismes, dont on n'a pas besoin en permanence pour décider de sa vie. Si on l'utilise comme un éclaireur, il n'y a rien à redouter. La conscience permet ensuite aux deux autres cerveaux de remplir leurs missions complémentaires. D'où la nécessaire vigilance, une des clés du bonheur.

Si l'on ne répond qu'aux attirances limbiques, on risque fort d'écouter toujours les mêmes musiques, de regarder toujours le même genre de films, de lire toujours le même genre de journaux ou de livres, de regarder les mêmes émissions à la télévision, de faire le même genre de voyages, de rencontrer les mêmes personnes, de manger le même genre de nourriture, d'organiser sa journée de la même façon, etc. On risque ainsi de bloquer l'évolution naturelle de ses désirs, c'est-à-dire de ses besoins, et si l'évolution est bloquée, l'individu évolue vers le malheur. Pour en sortir, il contourne l'obstacle en focalisant sur les autres : quand vient l'envie de changer le monde, de changer les autres, c'est que l'on ne parvient pas à changer ses propres habitudes.

L'attirance limbique est essentiellement fondée sur les *apparences*. Le cerveau limbique agissant de façon réflexe, il n'a pas le temps de pénétrer à l'intérieur des choses ou des gens. Ce qui donne parfois un juste regard, car le limbique repère de façon réflexe toute une série de détails qui peuvent être révélateurs. Mais qui peuvent aussi ne pas l'être. Répétons-le, le cerveau limbique n'est pas idiot, loin de là, il est seulement programmé pour exécuter un certain travail. Ne lui en demandons pas trop.

Le cerveau limbique est sensible à la *publicité* : si on nous montre de façon répétée un certain type de femmes dans les magazines ou à la télévision, surtout en les associant aux clichés du bonheur (sensualité, douceur, féminité, indépendance, pouvoir, argent, maternité, famille), nos cerveaux limbiques finissent par être automatiquement attirés par ce genre de femmes. Les hommes et les femmes sont attirés pour des raisons symétriques : les hommes parce qu'on leur a fait croire que cette apparence véhicule une vraie douceur, une vraie fémi-

Le bonheur et l'amour

nité, une vraie soumission, et on a ainsi excité chez eux leurs désirs reptiliens (sensualité) ou leurs besoins grégaires (domination). Les femmes sont invitées, par stimulation de leur conditionnement de séduction (grégaire ou acquis), à se conformer à ces stéréotypes. Voici comment la publicité parle à nos programmes limbiques sans que nous en soyons toujours conscients :

« Si vous portez tel vêtement, vous serez aimé(e), admiré(e) ; avec tel parfum, tel bijou, telle coiffure, telle voiture, telle marque de lessive ou de produits surgelés, vous serez aimé(e), admiré(e), et donc vous serez heureux(se). »

Il n'est pas anormal ni immoral que l'économie utilise ces moyens pacifiques de pousser à la consommation. A chacun de rester vigilant et de ne pas se laisser « imprimer » des comportements d'achats qu'il ne désire pas. Il faut se rappeler sans cesse que ce qu'on appelle « aimer », tel vêtement, telle personne, tel paysage, telle musique, tel objet, signifie en général « être attiré(e) de façon *réflexe* grâce à un *dressage* organisé ».

Le cerveau limbique n'est en aucun cas critiquable. Chaque cerveau a son importance et représente un véritable trésor d'utilité et de complexité. Mais pour trouver le bonheur, il faut donner à sa conscience le plus d'informations possible sur le rôle et le fonctionnement spécifique de chaque cerveau ; pour lui permettre d'optimiser l'ensemble du système ; pour l'inviter à cultiver une vigilance permanente et à ne pas prendre les attirances limbiques pour des besoins vitaux.

L'attirance limbique pousse certains types de personnes à se rencontrer, à se compléter, ou au contraire à se repousser, à se craindre, en fonction non pas seulement de leur apparence, mais aussi de leurs systèmes de références conditionnés, c'est-à-dire de leurs programmes limbiques. Selon que l'on est français, chinois ou américain, selon que l'on a vingt ans ou quatre-vingts, selon que l'on est d'un milieu ouvrier, enseignant, artiste ou agriculteur, selon que l'on est sportif ou non, on « aime » des choses ou des situations différentes, des personnes différentes. Un cerveau limbique « sportif » n'apprécie pas une personne qui a été programmée à rejeter l'ambiance de compétition jugée alors « stérile ». Un cerveau limbique « intellectuel » réprouve la violence physique jugée agressive et dangereuse. Un cerveau limbique « raffiné » estime « vulgaire » une personne qui exprime ouvertement ses pulsions naturelles. Et réciproquement, un limbique « physique » trouve efféminé et ridicule quelqu'un de raffiné. Il trouve inutile et dangereux un intellectuel. On pourrait multiplier les exemples. Les milieux socioculturels sont structurants pour l'individu. On a « spontanément », c'est-à-dire limbiquement, tendance à rester dans son milieu d'origine, sauf s'il a été la source de beaucoup de souffrances. Et encore...

Les divers modes réactionnels d'urgence façonnent une sorte de typologie pour chaque individu : selon que l'on réagit plus souvent en lutte, en fuite ou en inhibition, se dessine un « profil » agressif, anxieux ou dépressif (cf. le modèle de la psychophysio-analyse). Et on aménage ses croyances et ses références en conséquence :

– Christiane a été programmée ou dressée par son histoire et son milieu à réagir essentiellement sur le mode de *l'inhibition* : elle ne peut rien faire toute seule, elle se croit faible, elle a besoin des autres pour faire la moindre petite chose ; elle se croit heureuse parce que son mari la protège ; pour elle, le « bonheur », c'est la sécurité.

– Philippe, lui, est structuré en *lutte*, c'est un « protecteur » et il aime Christiane qui exalte l'idée qu'il se fait de sa force ; il a souvent besoin que sa femme lui rappelle sa puissance. En apparence, ces deux personnes seront bien appariées, mais en fait essentiellement sur le mode limbique, c'est-à-dire superficiel. Cette relation risque de ne pas résister au temps, c'est-à-dire aux difficultés ou aux changements de conditionnements. Et de n'être pas créatrice de sens, de valeur ajoutée, et surtout de bonheur.

– Sophie, elle, est structurée en *fuite* ; elle est agitée en permanence, ne reste jamais sans rien faire, change souvent d'activité au cours de la journée, ou de sujets de discussion dans un court moment. Elle est dynamique ; certains vont dire qu'elle est « tuante », qu'on n'arrive pas à la suivre. Lorsqu'elle parvient à s'équilibrer dans la fuite, elle a un comportement jovial, elle est séduisante. Si un jour la fuite dans l'action lui est interdite (maladie, chômage, rupture de vie de couple), elle sera malade d'angoisse.

Ces différents types de comportements dessinés par les modes réactionnels majeurs d'urgence ne sont pas tous d'un seul bloc ; la plupart des gens sont en fait des mélanges. Par exemple on peut être inhibé sur le plan affectif et agité sur le plan professionnel ; ou lutteur dans son métier et en fuite dans ses relations personnelles. Les différents types limbiques, qu'ils soient simples ou plus complexes, s'accordent entre eux à la manière d'une clé et d'une serrure. Dans ce genre de relation, qu'elle soit amicale, amoureuse, ou professionnelle, le limbique cherche un plaisir de type « négatif », c'est-à-dire la diminution de la souffrance due aux états chroniques d'urgence (calmer l'anxiété, défouler l'agressivité, entendre et accepter la tristesse, la déprime). La relation limbique engendre le même type de plaisir qu'un comprimé d'aspirine sur une douleur chronique : agréable voire indispensable, mais *non résolutif*. Ce n'est pas le bonheur mais une interruption provisoire et imparfaite de souffrance émotionnelle. On pourra se croire heureux, les proches pourront eux aussi être abusés, mais ce ne sera que factice.

L'attirance néocorticale

Elle n'est pas motivée par un besoin physique ou sensuel, ni par le développement des programmes automatiques ou de leurs urgences associées, mais par l'expression de la spécificité humaine : l'intelligence néocorticale et l'instinct de découverte. C'est le règne du projet, du sens, de l'esprit d'entreprise ou d'association. Se mettre à deux ou à plusieurs non pas par instinct grégaire ou par souci de dominance ou de sécurité, mais pour faire ou organiser quelque chose ensemble.

L'attirance néocorticale dirige les uns vers les autres ceux qui partagent le même but, le même sens de la vie, au moins partiellement, et qui semblent susceptibles de s'entraider pour mettre en œuvre les moyens nécessaires. Attitude égoïste ? Non, c'est l'inverse. Nous avons vu que l'égoïsme est une « maladie » due à une insuffisance d'amour et de respect de soi-même, un interdit sur la considération de sa propre personne. L'état de bonheur induit un équilibre épanoui et favorise l'expression d'un projet de vie qui débouche à son tour sur le « recrutement » de partenaires adapté(e)s. Il est du « devoir biologique » de chacun d'exister avec et par sa personnalité spécifique, c'est-à-dire à la fois sa sensibilité et sa propre vision du monde. Que penserions-nous d'une cellule de moelle osseuse ou d'un neurone cérébral qui n'assumerait pas pleinement sa mission spécifique ? L'expression même de la générosité, c'est de tout faire pour permettre à sa vraie personnalité d'exister et de s'épanouir, et ainsi de mettre à la disposition des autres ce que l'on est vraiment, sa valeur ajoutée spécifique.

Dans l'association néocorticale, il n'y a pas asservissement de tel ou telle à l'intérêt personnel de l'un ou de l'autre, mais union de toutes les énergies libres autour d'un projet commun. La relation néocorticale favorise l'épanouissement, la réalisation des individus qui s'assemblent pour mieux exprimer leur individualité au service de ce projet.

L'humanité sort d'une ère essentiellement limbique où la priorité était donnée au groupe, pour entrer dans une ère plus néocorticale qui creuse la différence entre l'homme et l'animal, et qui exalte la potentialité de chaque individu. Le développement et l'épanouissement de l'espèce humaine passent aujourd'hui par le développement et l'épanouissement de chacun de ses composants, c'est-à-dire de chacun de nous.

L'homme cherchait son plaisir. Et c'était le groupe

qui le lui donnait. Il va maintenant de plus en plus chercher son bonheur. Et c'est le groupe qui va en profiter. Les générations qui nous ont précédés ont obligé l'individu à s'effacer, bon gré, mal gré, devant les intérêts du groupe. Tout se passe comme si l'humanité décidait aujourd'hui de favoriser l'expression de la personnalité individuelle, pour permettre l'épanouissement de l'espèce. Il est vrai que les conséquences de la recherche du bonheur individuel sont très favorables pour le groupe : la recherche du bonheur personnel est éthique, parce que le bonheur de chacun profite à tous, alors que le plaisir des uns s'oppose généralement au plaisir des autres (avoir, pouvoir, sécurité, confort, considération, etc.). Une seule personne heureuse dans un groupe, et le groupe se sent mieux. Le bonheur conduit à l'ouverture, à l'amour, au partage, à l'accomplissement individuel et collectif, alors que le plaisir conduit facilement (si l'on n'est pas vigilant) à la recherche de la préservation du plaisir, à la compétition, au repli sur soi ou à l'asservissement de l'autre.

La relation néocorticale n'est pas faite d'apparences, au contraire de l'attirance limbique, ni d'odeurs ou de sexualité, à la différence de l'attirance reptilienne. Elle est fondée sur la curiosité, la réflexion, l'observation des comportements et des actes, sur la mise en œuvre de projets personnels en résonance avec les aspirations spécifiques de chacun. C'est un attachement réciproque qui se découvre progressivement, qui s'enracine dans la connaissance approfondie de l'autre, connaissance elle-même fondée sur l'expérience et pas seulement sur le discours. C'est une aptitude à écouter, à comprendre, à partager l'intérêt du projet de l'autre, mais c'est aussi une capacité vérifiée à faire durablement équipe ensemble.

Pour former une relation néocorticale, il faut donc à la fois un *projet* et une *recherche* attentive et minutieuse de partenaire(s). Philippe veut organiser une traversée de l'océan Atlantique à bord d'un voilier. C'est son « projet ». Il peut le réaliser seul, mais il préfère le vivre en équipe pour des raisons de compétence, de sécurité et de plaisir dans le partage. Son projet est mûrement réfléchi. Il peut donc passer à la deuxième phase : trouver des équipiers qui en ont à la fois l'envie et la capacité ; c'est nécessaire mais ça ne suffit pas. Il lui faut en outre vérifier, à partir de quelques sorties de courte durée, que ses équipiers peuvent vivre ensemble, qu'ils n'ont pas d'incompatibilité reptilienne (il peut y avoir des rejets physiques comme il y a des attirances physiques), limbique (les conditionnements peuvent s'harmoniser entre eux ou au contraire s'opposer fortement), ou même néocorticale (les projets ne sont pas toujours aussi superposables ou convergents qu'on l'avait imaginé).

La relation néocorticale se cherche, elle se construit patiemment, elle ne vient pas toute seule. Philippe doit d'abord travailler sur lui-même, pour bien clarifier ses propres choix, ses projets, sa personnalité, travailler à éliminer peu à peu les conditionnements et les blocages qui l'empêchent de vivre sa vie, d'être lui-même. Et puis aussi, être à l'écoute du monde extérieur, pour enrichir son propre point de vue, et commencer à repérer des coéquipiers potentiels qui pourraient être utiles dans son projet de vie. S'il n'a pas encore de projet très clair, il peut trouver des partenaires qui vont l'aider à l'affiner, à affronter ses peurs et à éviter les pièges de ses conditionnements. Ce rôle devrait idéalement échoir à sa famille, mais ce n'est pas toujours le cas. De toute façon, c'est bien ce genre de « famille » qu'il a intérêt à constituer autour de lui, et qui va lui servir de tuteur de vie.

Et l'amour, dans tout ça ? Oui, l'Amour avec un grand A, celui dont tout le monde rêve, qui alimente la littérature et les médias, qu'en est-il ? En général, les trois types d'attirance sont présents dans une relation amoureuse à des degrés d'intensité divers. Telle relation sera plus particulièrement reptilienne, c'est-à-dire physique, telle autre plus néocorticale ou limbique.

Souvent une relation amoureuse commence par une attirance limbique : l'apparence, le milieu, le style, l'attitude, le contexte ; puis elle se poursuit éventuellement s'il y a un minimum d'attirance reptilienne : le parfum de la personne, son contact, et plus si affinité ; et enfin, la relation est prolongée s'il y a attirance néocorticale, c'est-à-dire si les projets de vie de chacun se recouvrent au moins partiellement.

Grâce à cette nouvelle grille d'analyse, on peut pronostiquer si une relation va produire plus de bonheur ou de malheur et en tirer les conséquences éventuelles : le côté néocortical de la relation renforce et intensifie le bonheur des deux personnes ; le côté limbique les enferme dans leurs conditionnements et renforce leur malheur ; quant à la partie reptilienne, elle ne donne que du plaisir, pas du bonheur, mais le bonheur peut la favoriser.

Bonheur et sensualité

On ne peut être vraiment avec l'autre, en communion ou en osmose avec l'autre, que si l'on s'habite totalement soi-même, si l'on est fortement enraciné dans son corps. A l'écoute de ses propres sensations, et aussi bien sûr de celles de l'autre dans la mesure où elle résonnent en soi, dans ses propres vibrations.

Lorsque l'on est heureux, on n'a pas peur du jugement de l'autre, puisque l'on n'a pas peur de son propre jugement. On n'a pas de doute sur les sentiments de l'autre, puisque dans une relation néocorticale et reptilienne, la réciprocité est toujours présente. S'il y a doute sur les sentiments, c'est que l'on est dans une relation limbique, c'est-à-dire une relation de forme, de projections mentales, de conditionnements, d'attentes.

Dans une pièce de Tchekhov, un paysan est amoureux d'une princesse qui ne l'aime pas, mais qui est elle-même amoureuse d'un jeune troubadour qui ne l'aime pas. Ce genre de relations à sens unique ne se trouve que dans le domaine limbique, celui des formes et des conditionnements. Dans l'attirance néocorticale, si deux individus partagent un même projet, leur complémentarité a toutes les chances d'être réciproque.

Et sur le plan de l'attirance physique, il y a parfaite réciprocité : si la peau de l'un attire celle de l'autre, c'est réciproque ; si l'odeur de l'un attire l'autre, c'est réciproque ; si le corps de l'un attire l'autre, c'est réciproque (mais bien entendu, il peut y avoir des blocages limbiques ou néocorticaux à cette attirance physique).

Dans une relation néocorticale et/ou reptilienne, il est préférable de faire et de dire ce que l'on ressent, ce que l'on pense, plutôt que ce que l'on croit qu'attend l'autre. Il y a moins de risques de se tromper, plus de chances de plaire en étant soi-même. Seulement soi-même. Pas dans le mental. Etre dans le réel, dans le concret de la sensation, de l'attirance éventuelle physique et sensuelle. Ne pas vouloir être, seulement être. Et être centré sur ses sensations.

Accepter d'être soi-même, dans tous ses aspects, toutes ses fonctions, toutes ses peurs, tous ses fantasmes. Les accepter, cela veut dire ne pas rougir, ne pas avoir honte de sa propre réalité, ne pas craindre le jugement de l'autre qui ne peut être qu'un reflet de son propre jugement.

Etre en soi, être heureux, c'est aussi prendre le temps de sentir la formidable quantité de sensations réciproques que recèle ou induit chaque contact avec une personne qu'on aime physiquement, et laisser la conscience s'en nourrir pleinement. Chaque contact en effet, le plus petit, le plus anodin soit-il, peut être considéré comme un acte d'amour qui a sa vie propre et qui se décline en désir-plaisir-satiété. Chaque contact est comme une note frappée sur un piano ou pincée sur une corde et dont les harmoniques se développent dans la durée, emplissant tout l'espace, permettant de le savourer jusqu'au bout, jusque dans la trace qu'il laisse dans le silence.

Le bonheur et la compassion

Notre attitude vis-à-vis des autres est très différente selon que nous sommes en état d'urgence ou non. Selon que nous sommes heureux ou non.

Lorsqu'on est heureux, on est ouvert aux autres. Pas besoin de se forcer. Cela vient tout seul, comme la respiration ou le sommeil. On ne « s'occupe » pas des autres, on les voit, on les entend, on les écoute si besoin est, on entend leurs souffrances comme leurs joies, on partage éventuellement leur bonheur ; mais on ne souffre pas à leur place, on n'usurpe pas leurs propres émotions. On est seulement avec eux, différent d'eux, mais en phase, en harmonie quelquefois, en complémentarité, en fraternité, en complicité avec ceux qu'on aime. On est aussi disponible en cas de besoin, mais davantage à l'écoute de leur vraie personnalité néocorticale que de leurs états d'urgence ou de leurs conditionnements.

Lorsqu'on est malheureux, c'est-à-dire sous l'emprise de ses programmes automatiques, on n'est pas ou pas autant disponible à l'autre. Toute l'énergie est consommée par les conflits internes, qu'on aura même tendance à projeter sur l'autre : on essaiera de l'entraîner dans « l'enfer » de ses propres émotions.

« S'occuper » des autres sans s'être « occupé » préalablement de soi-même conduit au *renforcement des conditionnements* et des urgences, les siens et ceux des autres. Et donc à l'augmentation de la souffrance globale. On ne peut pas faire le bonheur des autres si on est soi-même éloigné de son propre bonheur, c'est-à-dire si on n'est pas bien dans sa peau. On ne peut vraiment aider quelqu'un qui souffre que si l'on est heureux soi-même.

Philippe, lorsqu'il est confronté à la souffrance de sa fille, a tendance à se culpabiliser. S'il évite ce piège, alors, il peut essayer d'« entendre » sa fille, il peut laisser sa souffrance se déposer entre elle et lui, avoir sa place. La souffrance fait, à ce moment-là, partie de Sophie, il faut donc qu'il l'accepte comme une réalité globale, incontournable dans l'immédiat.

Par la suite, il peut essayer de repérer si l'origine en est physique ou psychique, c'est-à-dire en quelque sorte physiologique ou pathologique, pour adapter son comportement en conséquence.

Si Philippe est en présence d'une *souffrance physique*, il peut essayer d'en supprimer ou d'en atténuer la cause ou les effets, mais quelle que soit l'intervention technique, elle ne doit en aucun cas remplacer l'écoute et l'acceptation de la souffrance ou de la maladie comme une réalité tangible. Si toute intervention est vaine, la seule acceptation s'impose ; c'est le cas pour les douleurs dues à la perte d'un être cher, ou d'une fonction vitale (la vue, l'ouïe, etc.), d'un objet, d'un travail... On ne peut pas prendre la souffrance de l'autre, on ne peut pas la guérir, on ne peut que donner son amour.

Ce ne sont pas forcément des mots à prononcer, ce peut être un sourire chaleureux, un regard complice, serein et ouvert, ce peut être une « simple » présence

Le bonheur et l'amour

discrète, ce peut être aussi une écoute attentive, ça peut être aussi un départ discret qui permette à l'autre de retrouver le contact intime avec lui-même. L'état de bonheur n'induit pas un repli sur soi égoïste et béat, mais un état d'ouverture qui permet de vivre de façon plus profonde, plus authentique, plus nourrissante, avec son environnement relationnel.

Philippe ne peut aider sa fille à surmonter sa douleur que s'il est lui-même capable d'affronter sa peur de la souffrance, sans se refermer, en restant en contact étroit avec sa plénitude profonde qui alors sera communicative, et en recherchant la juste attitude de compassion sans pleurnicherie. Il n'est pas facile de ne pas entrer soi-même en urgence, surtout avec des gens que l'on aime profondément : la maladie, la douleur, l'agonie sont pleines de pièges limbiques, de croyances culturelles inappropriées qui entrent en conflit avec sa propre réflexion personnelle néocorticale, générant ainsi les trois états d'urgence :

• *La peur*
Peur de ne pas savoir ce qu'il faut faire :
– « que puis-je faire pour elle ? » (réponse néocorticale : « je ne peux rien faire d'autre qu'accepter sa souffrance pour ce qu'elle est sans la minimiser ni la dramatiser, entendre ce qu'elle représente pour elle, et surtout être moi-même, accepter mon incapacité à la soulager, accepter ma non-souffrance, rayonner mon bonheur, c'est-à-dire mon amour de la vie et ma confiance, quoi qu'il arrive, sans me forcer en aucune

manière, accepter même mes difficultés à faire ou être tout cela ») ;

— « que dois-je dire ? » (réponse néocorticale : « je ne dois pas forcément parler, la parole n'est pas capable de véhiculer tout cet amour et la complexité de mes sentiments, ma confiance dans la vie et mon humilité devant la réalité peuvent très bien se partager dans le silence ; mais je puis aussi accepter ma gaucherie et lui dire mon amour à ma façon, avec mes mots, sans honte inopportune ; en conclusion, ni me forcer à parler ni m'en empêcher, être moi-même »).

Peur de sa propre souffrance :
— « comment ferais-je si j'étais à sa place ? » (réponse néocorticale : « question inadaptée, je ne suis pas à sa place mais à la mienne, on ne peut se mettre à la place de personne et il convient surtout de vivre sa propre vie avec le plus possible d'authenticité et d'intensité ; cette question traduit ma peur qui exprime le désaccord de mon néocortex sur la problématique ; ce que veut ma fille, c'est que je sois moi, pas elle ») ;

— « je ne sais pas si je saurais le supporter » (réponse : « inutile de chercher à me faire peur, l'expérience montre que les personnes placées dans des conditions difficiles trouvent souvent en elles des ressources inattendues »).

• *La colère*
— « j'aurais préféré que ça tombe sur moi » (réponse : « chacun a sa part de souffrance et de difficultés selon une répartition qui dépasse l'entendement ; refuser cette réalité, c'est refuser la réalité de la vie ; le refus m'empêche d'être en amour avec ma fille, à son écoute ; si moi,

je refuse sa souffrance, elle aura encore plus de difficulté à l'accepter, et elle en souffrira davantage ») ;

– « c'est inadmissible, il n'y a pas de justice divine ! » (réponse : « ce concept de justice divine est parfaitement fantaisiste et représente la projection de nos peurs et de nos fantasmes ; le bonheur passe par le fait d'admettre la vie pour ce qu'elle est et non pour ce que nous voudrions qu'elle soit ») ;

– « comment as-tu fait pour te faire piéger comme ça ? » (réponse : « c'est toujours mon refus qui s'exprime, la recherche d'un bouc émissaire pour mieux défouler mon état d'urgence ; passons déjà cette étape difficile et nous verrons ensuite avec elle comment tirer les conclusions les plus intelligentes possible ») ;

– « mais que fichent ces médecins qui ne sont même pas capables de la guérir ? » (réponse : « autre recherche de boucs émissaires, de partenaires pour défouler mon état d'urgence, autre évitement qui m'éloigne de ma fille et qui renforce sa souffrance et son sentiment éventuel de culpabilité »).

• *La déprime*
– « je sais bien que je ne peux rien pour elle » (réponse : « bien sûr que si, je peux beaucoup, l'amour est le meilleur médicament connu depuis toujours, je peux lui faire partager ma confiance dans la vie et mon amour pour elle ») ;

– « ah, il vaut mieux ne pas m'avoir comme père ! » (réponse : « à elle de juger et à personne d'autre ; attention au modèle de parent-sauveur qui n'a aucune réalité, pas plus que le modèle de médecin Superman ;

là aussi, ce genre d'autodénigrement m'éloigne d'elle, je ne peux lui donner de moi que ce je valorise et ce que j'aime en moi . si je me juge mal, elle se jugera elle-même dix fois plus mal que moi »).

Pour parvenir à éviter les pièges de l'émotion, il faut donc faire travailler sa réflexion personnelle néocorticale, et multiplier les occasions de confrontation avec la souffrance. On se rend compte alors progressivement que le contact avec ceux qui souffrent peut être extrêmement riche et nourrissant, un beau moment d'amour partagé.

Si Philippe est confronté à une *souffrance psychique*, c'est-à-dire à un conflit interne à sa fille, c'est une tout autre attitude qui convient, puisqu'il se trouve en face d'un état d'urgence de l'instinct, c'est-à-dire de peur, de colère ou de déprime qui ne demandent qu'à se répandre, se développer, pour mieux s'assouvir et ainsi renforcer la croyance qui les a engendrées. Philippe doit donc en premier lieu prendre du recul pour se protéger en démontant mentalement le mécanisme, et ainsi ne pas risquer d'être embarqué dans l'urgence de Sophie. Il ne doit pas oublier que la colère, la déprime ou la peur ne sont pas dirigées contre lui, elles ne sont pas des reproches sous-jacents, elles sont, un point c'est tout. Ce ne sont que des émotions, qui en quelque sorte prennent possession de l'organisme de sa fille, qui l'emprisonnent et transforment toute sa communication à son corps défendant. Alors, comment Philippe peut-il faire « décrocher » le système limbique de Sophie ?

Plusieurs voies possibles. La première, la plus facile, consiste à *détourner son attention* pour chasser la pensée nuisible conditionnée. C'est immédiatement efficace, mais ça n'est pas durable. Par exemple, rappeler à Sophie que c'est bientôt son anniversaire et qu'elle doit encore décider de toutes les personnes qu'elle va inviter. Ou lui rappeler les résultats intéressants qu'elle a obtenus dans son dernier travail. Ou la féliciter sur sa peinture. Il faut procéder par tâtonnements car il peut y avoir des sujets brûlants.

La deuxième voie, plus délicate mais résolutive, consiste à faciliter la *reprise en main du système par l'intelligence*. Rappelons que les automatismes ne peuvent pas se développer si la conscience fait appel à la réflexion néocorticale. Plus on réfléchit, et plus les programmes automatiques ont du mal à s'imposer. Il faut donc essayer de redonner de l'espace et du temps à la réflexion de la personne qui souffre. Si Sophie est en urgence, c'est que sa réflexion personnelle n'a pas pu s'exprimer et se développer. Son père peut l'inviter à approfondir sereinement et profondément la question qui la fait souffrir. Il est possible alors que le soulagement survienne rapidement et le cas échéant de façon définitive.

Seulement, il n'est pas facile de pousser à la réflexion quelqu'un qui est dans son émotion. Le cerveau limbique s'oppose par tous les moyens à l'intrusion du néocortex dans son programme et c'est là qu'il faut du doigté et de la patience, si possible de la compétence, et surtout un minimum de coopération de la part de celui ou de celle qui souffre, c'est-à-dire une demande d'assistance directe ou indirecte.

Compatir, ce n'est pas souffrir avec quelqu'un. Quel serait le but, en effet, ou le sens d'une souffrance portée par quelqu'un d'autre ? Si Sophie a mal quelque part, est-elle soulagée si son père souffre avec elle ? Non. Ce qu'elle souhaite, c'est qu'il entende sa souffrance, qu'il la respecte, qu'il l'accepte pour ce qu'elle est, ni plus ni moins. Elle n'a pas envie ni besoin que son père souffre lui-même. Au contraire, il doit conserver sa pleine santé, son bonheur, et l'en nourrir. Ce qu'elle demande, c'est de la considération pour ce qu'elle est, souffrance comprise. Elle n'a pas envie d'être acceptée ou aimée uniquement quand elle est en pleine forme, mais aussi avec ses travers, ses défauts, ou ses souffrances. Cela est vrai, que sa souffrance soit psychique ou physique, réelle ou virtuelle.

Il ne s'agit pas de souffrir avec, mais d'entendre et d'accepter la souffrance de l'autre. Généralement, au contraire, on n'est pas prêt à la recevoir :

« Bonjour, vous allez bien ?

– Non, pas terrible, j'ai des migraines insupportables.

– Ah bon, et vous n'avez pas vu de médecin ? »

On veut avant tout savoir si l'autre a bien tout fait pour supprimer cette souffrance que l'on a du mal soi-même à accepter, on va même jusqu'à engager une longue dissertation sur la qualité de la médecine ou des médicaments, sur les problèmes d'un autre ami et sur les recettes qu'il a utilisées, tout un « bla-bla » pour éviter la confrontation à la souffrance de la personne que l'on a en face de soi. On croit (croyance conditionnée) que cette souffrance est nuisible à son propre bonheur. En fait, elle n'est nuisible que si on la fuit, si on veut rester « tranquille » avec de soi-disant belles images dans la tête, des images conditionnées, « publicitaires », dans lesquelles le bonheur est assimilé au plaisir, à la beauté extérieure, à l'absence de maladie, au pouvoir, à la richesse, etc. Et voici que ce beau film est interrompu par cet ami avec sa souffrance ! Folle envie de s'en débarrasser pour revenir le plus vite possible à son film. Les automatismes limbiques ont pris le pouvoir, ce sont eux qui projettent le film. L'intelligence, qui n'est pas d'accord avec cette vision de la vie et du bonheur, réagit, provoquant ainsi un état d'urgence, la fuite en l'occurrence, avec une certaine agitation (logorrhée), et tendance à l'évitement. Peu à peu, les personnes malades sont de plus en plus isolées.

Lorsqu'on parvient à affronter sa peur de la souffrance, lorsqu'on parvient à écouter l'autre dans et malgré sa souffrance, on parvient le plus souvent à un tel niveau de qualité dans la relation qu'on en arrive parfois à regretter le retour à des relations « normales », avec des gens « normaux ». En fait, personne n'est normal, tout le monde souffre quelque part, et rien ne s'oppose à l'établissement de relations de haute qualité, d'une grande authenticité et par là même d'une grande intensité, entre des personnes « normales ».

Interventionnisme, agacement, évitement, telles sont les attitudes les plus fréquentes face à la souffrance ; elles témoignent des urgences qu'induisent la souffrance dans notre « paysage limbique », et donc la censure néocorticale qui disqualifie ces croyances inappropriées. Malheureusement, le rejet, la négation de la souffrance des autres n'ont pas pour seul effet de créer un état d'urgence en soi, ils n'ont pas pour seul effet d'isoler la personne qui souffre, ils empêchent également le développement d'une relation possiblement riche et profonde entre deux personnes.

Si j'évite ma souffrance, si je ne l'écoute pas, si je ne l'accepte pas, je passe à côté d'une information intéressante qui me permettrait de progresser vers mon bonheur. Si j'évite la souffrance des autres, si je ne l'écoute pas, si je ne l'accepte pas, je passe à côté de l'amour.

Le bonheur, la famille, les enfants et l'école

La famille a d'abord eu pour fonction la survie physique de l'individu et de l'espèce (famille *reptilienne*) : regroupement dans un endroit sûr pour protéger les enfants, répartition des fonctions entre l'homme et la femme pour assurer l'hygiène et l'accumulation de biens permettant de survivre.

La famille est ensuite devenue *limbique* pour répondre aux besoins grégaires de chacun : avoir, comprendre, augmenter sa sécurité, développer son pouvoir, être considéré.

Aujourd'hui, la famille devient de plus en plus *néocorticale*, se fixant pour objectif l'épanouissement de ses membres (parents et enfants), ce qui favorise par là même l'épanouissement du groupe dans lequel elle s'insère, et au-delà, par le jeu d'une réaction en chaîne, de l'humanité tout entière.

Quels sont les comportements familiaux qui peuvent faciliter cette évolution ?

Le bonheur et l'amour

– être à l'écoute de ses membres, reconnaître leur identité spécifique, préserver leur indépendance et faciliter leur autonomie ;
– favoriser le travail de l'intelligence, le goût de l'aventure et de la découverte, la quête du sens de la vie et des choses, la recherche de l'authenticité, l'écoute intérieure et l'ouverture à soi ;
– aider ses membres à faire ce qu'ils souhaitent profondément, même quand ils ont peur ; les rappeler à l'ordre quand ils « oublient » de s'aimer ou/et quand ils se font limbiquement du mal par la culpabilisation, l'autodénigrement, l'autodérision et toutes ces petites merveilles de l'autodestruction ;
– accepter que l'on s'éloigne de la famille quand on en a besoin ou seulement envie, même sans justification ; accepter chacun pour ce qu'il est, ici et maintenant.

La famille devient alors la clé de l'accès au bonheur pour chacun de ses membres qui devient à son tour une source de bonheur pour la famille.

Chez les enfants, le néocortex est très peu développé. Or, pour aboutir à l'état de bonheur, le néocortex doit être puissant pour contrôler et corriger en permanence les programmes limbiques. Chez l'enfant, c'est le cerveau limbique qui occupe l'essentiel de l'espace. Quelles conséquences ? D'une part, l'enfant n'est pas un adulte en petit, comme on aurait quelquefois tendance à le penser. C'est un être en devenir, non seulement physiologique, mais aussi psychologique. Mais surtout, un enfant ne peut pas être *heureux*, au sens que l'on a défini préalablement, c'est-à-dire dans la plénitude de son être, dans la pleine conscience et expression de sa personnalité. Un enfant ne sait pas encore quelle est sa personnalité, il ne sait même pas encore ce qu'est la personnalité. Il le découvrira petit à petit, avec la découverte des espaces réels de liberté. Pour l'enfant, la liberté consiste à ressembler à quelqu'un qu'il aime ou qu'il admire.

On peut cependant tout mettre en œuvre pour permettre à l'enfant d'être heureux... plus tard, quand il sera adulte. On peut facilement lui donner du plaisir, pas du bonheur. Le plaisir, c'est l'association du reptilien et du limbique, suffisamment développés chez l'enfant. On se rappelle quelquefois avec nostalgie les plaisirs de l'enfance qu'on peut confondre avec le bonheur. Mais on peut connaître également de grandes souffrances lorsque les conditions de vie ne sont pas bonnes, lorsque les besoins minimaux reptiliens ou limbiques ne sont pas assouvis. L'enfant réagit un peu comme un petit animal, de façon assez simple : soit il a du plaisir, et il donne l'impression d'être heureux, car il n'a pas encore de graves conflits intérieurs entre limbique et néocortex, soit il souffre d'un manque, et on a l'impression qu'il est malheureux.

Et puis, peu à peu, le néocortex casse sa coquille et tente de prendre le pouvoir. C'est paradoxalement le développement de l'intelligence néocorticale, c'est-à-dire de la personnalité, qui est à l'origine des grandes souffrances des adolescents ; résultat du conflit entre les pensées automatiques, grégaires ou programmées par l'éducation, et la réflexion intelligente et personnelle naissante. Enfant, l'individu va tout faire pour ressembler à quelqu'un et se faire accepter par le groupe ; le passage à l'âge adulte, le chemin vers le bonheur, c'est quand il

Le bonheur et l'amour

accepte peu à peu de « n'être que » lui-même. Quand il se rebelle contre ses parents, il se rebelle en fait contre les programmes que la société lui a « imposés ». Le néocortex doit fournir un travail considérable de réévaluation qui provoque une tempête plus ou moins forte et plus ou moins longue selon la personnalité de l'adolescent et la rigidité des conditionnements qu'on lui a transmis depuis sa naissance.

Peut-on, en tant que parents ou éducateurs, faciliter ce passage entre la recherche du plaisir reptilien et limbique, et la recherche du bonheur néocortical ? Peut-on programmer la préparation au bonheur dans le dressage éducatif ?

Oui, nous pouvons apprendre le bonheur aux enfants comme nous leur apprenons l'histoire, la physique ou la biologie : en leur expliquant comment ça fonctionne. Nous pouvons préparer les enfants à reconnaître ces phases successives du chemin de la vie, à comprendre ces souffrances psychiques dont ils seront obligatoirement l'objet, et à les désamorcer au mieux. Comprendre et connaître permettent au moins de diminuer la peur. L'éducation ne peut pas avoir pour ambition ni pour objet de remplacer l'expérience personnelle, mais de faciliter son interprétation et d'optimiser son intégration.

« Bien élever » un enfant, c'est nourrir (on pourrait dire charger, comme en informatique) son cerveau limbique avec de « bons » programmes, c'est-à-dire des programmes qui laissent toujours de la place à une possible remise en cause ultérieure par son propre raisonnement. Par exemple, la petite cousine de Sophie, Elsa, allait à l'école primaire il y a quelques années, et on lui avait appris que la planète Terre avait trois milliards d'années (c'était dans les manuels scolaires de l'époque). Le même jour, elle découvre par une conversation avec un ami scientifique que l'information est fausse (en fait, elle était seulement périmée ; on évalue aujourd'hui l'âge de la Terre à 4,6 milliards d'années), elle se révolte, et elle remet en cause l'école, ses parents et la société. Si on lui avait expliqué au préalable le mécanisme de l'aventure scientifique, le fait que les connaissances ne sont pas figées, qu'elles sont toujours remises en cause par de nouvelles découvertes, Elsa aurait alors été mieux préparée à l'acquisition de connaissances qui, par définition, seront tôt ou tard remises en cause. Elle sera même éventuellement stimulée dans sa participation personnelle à l'évolution des connaissances. De même, si ses parents qui lui enseignent la « bonne » façon de se comporter lui précisent qu'il s'agit de leur croyance, de leur conception de la vie, qui est elle-même constituée des croyances de leurs parents et de celles qu'ils ont eux-mêmes rajoutées ou transformées, Elsa passera une meilleure adolescence, plus courte et moins mouvementée. Elle aura été préparée à la remise en cause de toutes ses connaissances.

Au-delà de la famille, et à ses côtés, en cohérence, l'école a un rôle essentiel dans le chemin de l'enfant vers son bonheur. Plutôt que de chercher à gaver son cerveau de données quantitativement excessives et généralement sous une forme qui rebuterait n'importe quel adulte, l'école pourrait viser à nourrir les trois cerveaux de façon cohérente et équilibrée :

Le bonheur et l'amour 183

– pour le cerveau reptilien, les activités physiques indispensables et malheureusement terriblement sous-dimensionnées en France. Et il n'y a pas que la gymnastique : le repos fait partie intégrante de l'apprentissage du respect de son corps. La découverte de la sensorialité également, avec entre autres la musique, le théâtre, la gymnastique douce et pas seulement le sport-défoulement qui représente trop souvent l'essentiel de l'activité physique. Les enfants auraient moins besoin de se défouler sauvagement dans la cour de récréation si on ne les poussait pas à bout dans un système de « bourrage de crâne » parfaitement excessif ;

– pour le cerveau limbique, il faut les meilleurs programmes scolaires, ce qui est déjà largement le cas actuellement, et ajouter aujourd'hui le fonctionnement du cerveau, sa biologie et surtout sa psychologie, pour permettre à chaque enfant d'exploiter au mieux les merveilleuses possibilités de ce cerveau ;

– et enfin, pour nourrir et renforcer le néocortex, il faut dispenser les matières scolaires selon un mode qui favorise l'épanouissement de la personnalité au lieu de la masquer. On doit répondre aux besoins de l'élève plutôt qu'aux besoins du programme ; prendre le temps d'approfondir chacune des matières au rythme de l'élève et non pas au rythme de la classe ; mettre en œuvre une grande part de jeux et d'interactivité, ce qui redonnera une meilleure place au plaisir d'apprendre et renforcera ainsi l'efficacité du système ; relâcher la dramatique pression de compétition alimentée par le chantage au chômage (« Travaille ou tu seras chômeur ! ») qui alimente le stress et marginalise la majorité des enfants, au seul profit des 10 ou 15 % de « gagneurs » que le système actuel sélectionne.

Aujourd'hui, l'école forme des soldats d'élite pour un monde paranoïde conforme à la vision américaine ; elle doit se réformer en profondeur pour devenir « l'école du bonheur ».

Préparer un enfant au bonheur, c'est le former à l'écoute de soi, c'est lui apprendre à s'aimer pour ce qu'il est réellement et qu'il va peu à peu découvrir ; c'est lui apprendre à aimer la vie, non pas seulement pour les plaisirs qu'elle donne, mais aussi et surtout pour le bonheur d'être. Il y a un très gros effort à faire aujourd'hui pour restaurer un juste niveau de confiance entre les individus, en particulier au sein de la famille et à l'école. L'enfant a encore plus besoin de confiance que d'amour. On pourrait dire d'une autre façon que l'amour essentiel dont l'enfant a besoin c'est de l'*amour-confiance*. Ou encore que l'amour-confiance que les parents peuvent donner à leur enfant est au moins aussi important que l'*amour-protection*. L'amour-protection permet à l'enfant de développer sans trop de risques des expériences qui lui apprennent à vivre, et l'amour-confiance lui permet de trouver la motivation nécessaire pour passer peu à peu de l'imitation de modèles connus et rassurants à la découverte merveilleuse de soi-même.

En résumé, *le bébé reptilien* a besoin de nourriture, de chaleur, de sommeil, et de caresses, c'est-à-dire d'affection. *L'enfant limbique* a besoin de bons programmes à imprimer et à reproduire, une espèce de tuteur psychique sur lequel il va pouvoir s'appuyer pour créer ses propres programmes. *L'adolescent « néocorticali-*

sant » a besoin de connaître le fonctionnement des choses, d'être rassuré sur sa progression biologique vers le bonheur qui lui sera bientôt accessible. Il a besoin de beaucoup de confiance en lui-même pour s'immuniser contre le virus de la méfiance qui se développe de façon endémique dans notre société.

Et avant toute autre chose, ce que nous pouvons faire de mieux pour nos enfants, c'est *apprendre le bonheur pour nous-mêmes* : notre exemple les rassurera et nous serons mieux à même d'accepter leurs souffrances inévitables, de les aider à les gérer puis à les éviter. Devenons heureux nous-mêmes, c'est le plus beau cadeau que nous puissions faire à nos enfants.

La communication : de l'amour pour produire du sens

Dans une voiture, les roues communiquent avec le volant pour donner du sens à l'ensemble de la machine, lui permettre de fonctionner au profit d'une cause qui la dépasse probablement, mais qui est utile à celui ou à celle qui la conduit. Même chose pour l'ordinateur. Chaque élément de l'ordinateur est en communication avec les autres pour permettre à l'ensemble de fonctionner. Chez l'homme, il existe une quantité innombrable de sous-ensembles dont chacun doit être relié aux autres pour donner un résultat. Il faut que l'estomac, le cœur, les reins, les poumons soient en communication directe ou indirecte, pour que l'organisme fonctionne. Il faut que chaque cellule d'un même organe soit en communication avec les autres pour que l'organe produise une fonction. Il faut également que chaque atome d'une même molécule soit en communication avec les autres pour former une molécule. Et ainsi du plus petit au plus grand.

Communication sous-entend recherche d'un résultat, exercice d'une fonction, utilité technique ou biologique. La communication permet qu'un système fonctionne, un système qui dépasse et transcende chacun de ses composants : une cellule animale ou humaine ne peut pas comprendre le sens, le rôle, l'utilité de l'organe auquel elle appartient et qu'elle ne peut même pas concevoir. Chaque élément de l'ordinateur non plus. L'ordinateur lui-même, qui communique le cas échéant avec d'autres ordinateurs, ne sait pas pourquoi.

Et l'homme ? Appartient-il à un organisme transcendant dont il ne peut connaître le sens ? Lorsqu'il communique avec d'autres hommes, sait-il à quelles fins ? Toutes les communications entre les hommes n'ont-elles pas une finalité tout comme chacune des relations entre deux atomes, entre deux molécules, entre deux organes ? Même la relation sentimentale ? Même la tendresse ? Oui, on le dirait bien. Ne serait-ce que parce que l'on ne connaît pas vraiment de système sans finalité. Tout, autour de nous, semble correspondre à une fonction, semble avoir un but, un sens. Alors, pourquoi n'en serait-il pas de même pour nous autres humains ?

– soit tout a un sens, et alors nous aussi, chacun d'entre nous, mais notre sens nous échappe par définition, comme il échappe à tout élément d'un ensemble plus grand que lui (Pribram, physicien, disait en subs-

Le bonheur et l'amour

tance : « l'homme est dans l'univers comme une goutte d'eau dans l'océan : il ne peut pas "voir" l'univers, le comprendre, il ne peut que le ressentir, de l'intérieur ») ;
— soit la notion même de sens fait partie de notre subjectivité spécifique, de notre conditionnement génétique ; nous sommes seulement programmés à voir du sens partout, et ce programme est directement lié à la notion de temps linéaire propre à la biologie que nous connaissons ;
— soit les deux...

De toutes façons, au-delà des interpellations légitimes, philosophiques et scientifiques, il n'en reste pas moins que nous avons besoin de communiquer, que nous avons envie de communiquer, que nous communiquons même si nous ne le voulons pas, même au fin fond d'une grotte ou d'une île déserte, avec les hommes ou avec la nature, avec les astres ou avec nous-mêmes.

Il est inutile et vain d'essayer de comprendre les finalités profondes, transcendantes, de notre communication humaine. Qu'elle ait ou non du sens, nous ne pouvons pas le connaître, et d'ailleurs, il n'est pas essentiel de le connaître. En effet, avant d'être utile à d'autres éléments pour former une fonctionalité, la communication est d'abord utile ou nécessaire à chacun des composants de l'ensemble. Si la cellule ne communique pas avec les autres cellules et avec son milieu ambiant, elle meurt.

Nous avons besoin des autres pour survivre et pour cela nous communiquons avec eux. Nous avons besoin des autres pour bien vivre et pour cela nous communiquons avec eux. Besoins conscients, communication consciente ; mais aussi besoins inconscients, communication inconsciente. Communication volontaire ou involontaire. Par exemple *l'odeur* que nous dégageons. Chacun de nous a une odeur différente qui nous caractérise aussi bien qu'une empreinte digitale. Et c'est probablement la première chose que l'on perçoit lorsqu'un autre individu entre dans notre champ de perception. Vu la puissance des phéromones, ces molécules extraordinaires qui véhiculent les odeurs et qui sont perceptibles à des dizaines, voire des centaines de kilomètres, on peut imaginer qu'on sent quelqu'un avant de le voir ou de l'entendre. Et si on ne peut pas « sentir » une personne, c'est peut-être au propre comme au figuré. L'odeur est un moyen de communication très puissant et pourtant involontaire, et assez largement inconscient. Il entre pour une bonne part dans l'attirance sexuelle entre les individus, il marque ainsi une compatibilité physique de même qu'il peut renseigner sur l'état de réceptivité du ou de la partenaire. Cette communication involontaire et inconsciente est très probablement l'une des plus importantes, des plus signifiantes, des plus efficaces que nous utilisons.

De même, *le toucher* entre pour beaucoup dans notre communication avec les autres humains. Aux Etats-Unis l'exagération des règles d'hygiène a entraîné la suppression des serrements de mains au profit d'un classique *hello* où seuls la voix et les yeux communiquent (et bien sûr, l'odeur). Le toucher est absent et, avec lui, des quantités d'informations. Sur la compatibilité entre les individus, sur l'humeur de chacun : la gaieté, la tristesse, la peur, la colère transparaissent dans la voix, dans l'attitude, mais aussi dans l'odeur et dans le toucher. En

Le bonheur et l'amour

biologie, il y a toujours de multiples voies pour aboutir à un résultat. Pour la communication, la parole certes, mais également tous les autres sens participent à la transmission des informations. Le seul problème est qu'on ne nous a pas appris à utiliser ces autres moyens de communication, à les décoder, à leur faire confiance. Mais on peut aujourd'hui combler cette lacune grâce à certains stages dits de « développement personnel », qui nous apprennent à mieux ressentir et mieux utiliser tous ces moyens que la nature a mis à notre disposition. J'ai eu personnellement la chance de suivre les stages animés par Maurice Clermont, aux Granges, centre de formation créé et dirigé par Nicole et Jean Querre à côté de Salignac en Dordogne. Depuis plus de vingt ans, les Querre aident les dirigeants d'entreprise à être plus intelligents, c'est-à-dire à mieux utiliser toutes leurs capacités personnelles (les leurs et celles de leurs collaborateurs) et pas seulement leurs facultés mentales. Ils ont ainsi fortement contribué, également grâce à la confiance et à l'impulsion du Centre des jeunes dirigeants, à modifier en profondeur les comportements humains dans nombre d'entreprises.

Nos sens communiquent, et notre mental aussi, bien sûr. La pensée, qu'elle soit limbique et conditionnée, ou néocorticale et personnalisée, authentique, se nourrit de communication.

Le cerveau limbique communique pour consolider ses conditionnements, pour conforter ses croyances (le limbique est rassuré lorsque ses croyances sont partagées par le plus grand nombre), ou pour donner une allure logique aux états d'urgence (ce qui vise à rassurer la conscience alarmée par l'état d'urgence) ; tout ceci afin de conserver le pouvoir face au néocortex. La communication quotidienne est souvent à forte composante limbique :

« Dis-moi que j'ai raison de penser cela », « Rassure-moi », « N'est-ce pas que j'ai raison d'avoir peur, d'être en colère, ou d'être déprimée à cause de ça ? » « N'est-ce pas que j'ai raison de faire ou de vouloir faire ceci ? », « Tu devrais faire comme ci ou comme ça », etc.

La communication néocorticale, elle, est l'expression de la personnalité de l'individu. Elle repose sur la confiance qui autorise une véritable ouverture, une authenticité dans le message. Même quand on est en état d'urgence, on peut communiquer également sur le mode néocortical. Une espèce de *dédoublement* de la communication. D'une part, *j'exprime ma colère*, et en même temps, j'exprime que j'en suis *prisonnier*. En disant par exemple :

« Je suis dans ma colère, je ressens de la colère contre n'importe quoi ou contre toi, je sais que c'est mon intelligence qui censure une de mes pensées automatiques, je ne sais pas encore laquelle ; mais je ne suis pas dupe de mon émotion ; je la vis, je l'assume, et je la partage avec toi. »

Etonnant, peut-être, comme type de communication, mais intéressant et très efficace. Acte d'amour et de confiance, cette « méta-communication » permet de conserver le contact néocortical, même sous l'emprise de l'urgence. De ne pas se retirer sous sa tente dès que l'on est atteint. De partager avec quelqu'un qu'on aime son vécu émotionnel en essayant de ne pas prendre cette personne comme tête de Turc.

On reste prisonnier de sa colère mais pas dupe. C'est déjà une formidable évolution par rapport à l'état d'urgence de base, où l'on ne sait pas que l'on est en urgence, que l'on est psychiquement « malade », où l'on croit être dans une colère juste, et qu'il est tout aussi juste que tout le monde pâtisse de son juste courroux. Dans les deux cas on est en colère, dans les deux cas on communique. Mais dans un cas c'est le limbique qui mène le jeu et qui essaie de conforter sa croyance malgré la censure du néocortex. Dans l'autre cas, le néocortex a suffisamment été mobilisé par la conscience pour favoriser une prise de recul. Pas encore assez pour sortir de l'urgence et réparer le conditionnement défectueux, le changer ou le supprimer, mais suffisamment pour ne pas être aveugle.

En bref :

– si on est malheureux, c'est-à-dire en état d'urgence chronique, sans savoir que l'on est malheureux, c'est-à-dire en croyant que sa colère, sa peur ou sa déprime sont justifiées par des causes extérieures, alors on est très malheureux ;

– si on est malheureux, c'est-à-dire en état d'urgence chronique, mais cette fois en sachant qu'on l'est, en connaissant le mécanisme, alors, on est beaucoup moins malheureux, ses urgences sont beaucoup moins fortes, et on contrôle partiellement la situation. On est dans le brouillard de l'urgence, mais avec un petit périscope qui permet de voir au-dessus.

La communication néocorticale, lorsqu'on la découvre peu à peu, est d'une saveur exquise. C'est l'expression ou le vécu du bonheur. C'est la fête du sens et la fête des sens. On ne se force pas à communiquer ; on se laisse communiquer, comme on se laisse respirer. Chaque personne est centrée, bien dans ses baskets, ce qui favorise l'échange véritable. L'état de bonheur favorise la globalisation et l'acceptation de toute la personne, à la fois mentale et sensitive, à la fois physique et psychique.

Les moyens de la communication du bonheur sont beaucoup plus nombreux qu'il n'y paraît de prime abord. Il y a les mots, certes, il y a également tout ce qui touche les sens, il y a le rationnel et le poétique, il y a les mathématiques (c'est un « discours » mathématique qu'on a mis sous forme d'ondes radio pour s'adresser à des extraterrestres qui pourraient un jour nous écouter), il y a la musique, la peinture ou la danse, mais *le silence est un mode de communication* également très expressif, *très intense*. Dans ses stages, Maurice Clermont propose au groupe de conserver le silence pendant une journée ou plus, de façon à explorer d'autres modes de communication. Les réactions sont intéressantes. On est d'abord un peu anxieux et dérouté. On essaie de trouver des échappatoires, on s'échange des petits « billets », on essaie de s'exprimer par le mime, et puis peu à peu on lâche prise. On s'ouvre à la découverte de ce monde du silence riche d'autres énergies, d'autres plaisirs. On se rend compte alors que, si la parole est utile, si elle est même essentielle dans certains cas, on ne s'en sert bien souvent que très mal et surtout pour « faire du bruit ». Un peu comme un adolescent utilise la musique dans

Le bonheur et l'amour

sa chambre pendant qu'il travaille : pour pallier son angoisse, se sentir moins seul.

Quand on vient de passer un ou plusieurs jours à être avec d'autres personnes dans le silence, on ne retrouve pas la parole avec tant de plaisir. On a d'abord une certaine appréhension de retomber dans le verbiage, dans ce « bruit » qui est ressenti comme une vraie souffrance, une rupture pénible d'harmonie. Mais en étant vigilant, on peut conserver son état de bonheur et découvrir ou redécouvrir ensuite les vrais bienfaits de la parole (il faut – et il suffit de – se réserver de larges plages de vrai silence et de calme). De même qu'il n'y a rien de tel que d'être handicapé momentanément pour découvrir ou redécouvrir la beauté et l'utilité profonde des sens qui nous restent, et aussi de ceux et de celles qui nous ont été, provisoirement ou non, confisqués.

4.

Le bonheur, la politique, l'économie, l'écologie

Jusqu'à présent, la politique ne s'intéressait pas directement au bonheur de l'homme, laissant cette quête aux individus, à la philosophie, à la religion. La politique se limitait aux besoins reptiliens (manger à sa faim, avoir un toit, pouvoir se soigner) et limbiques (sécurité, liberté, équité, justice, pouvoir d'achat). Ces objectifs ne sont jamais atteints, car il n'y a pas de limite aux besoins de sécurité, de pouvoir ou de confort, aujourd'hui on le sait. Mais on avait besoin d'un minimum de réalisation de ces désirs pour aller plus loin, pour aller vers le bonheur. Désormais, la politique est donc conduite à s'intéresser à un nouveau territoire pour lequel elle n'est pas totalement préparée...

La politique et l'école

L'école est une des rares incursions directes de la politique dans le domaine du néocortex, elle est la vraie garante de la liberté individuelle de penser ; c'est grâce à l'école que l'on peut faire la différence entre un argument scientifique et un endoctrinement.

L'école protège contre la pression idéologique et favorise l'éclosion de la personnalité ; de plus, elle stimule l'instinct néocortical de découverte qui pousse l'individu humain à aller toujours plus loin sur le chemin qui le mène à son sens.

Du moins, c'est ce que l'école devrait faire : partir du désir de l'enfant de savoir, de connaître, de comprendre, pour l'aider à devenir autonome, à se connaître, à se comprendre. Elle tend malheureusement aujourd'hui à être détournée de ses objectifs néocorticaux pour devenir une usine à bourrer des crânes, un centre de recrutement pour l'élite intellectuelle (ce qui ne veut pas dire intelligente...) de la nation, ou, pire, une « crèche » où les parents peuvent laisser leurs enfants pour aller travailler ou chercher du travail. Notre société semble oublier le sens de la vie, oublier les combats acharnés de nos ancêtres pour permettre à nos enfants d'apprendre le monde et de cultiver leur soif de connaissance et de découverte, se replier sur elle-même par peur du chômage, transformer l'école en usine de gavage, et cultiver l'illusion selon laquelle il suffit de « bien travailler à l'école pour avoir un métier dans la vie ».

On n'obtient pas un métier avec des récitations latines. Si je suis personnellement heureux d'avoir fait du latin, c'est grâce à un professeur comme on en rêve, le professeur Savinel du lycée Ampère à Lyon qui nous faisait savourer le latin parce qu'il s'en délectait lui-même ; il ne voulait pas nous donner un métier, mais « simplement » nous transmettre une culture. Il nous faisait chanter le latin. Le latin devenait langue vivante, le passé devenait le présent, il nous le mettait en scène. Nous étions en classe de première et nous nous sommes presque tous inscrits l'année suivante en terminale pour un cours optionnel de latin tellement nous étions passionnés (nous ne l'avons d'ailleurs jamais eu, probablement faute de crédits : ce n'était pas jugé assez « nécessaire » ou assez « utile »). Nous nous étions également tous inscrits à l'association Guillaume Budé pour la défense de la langue française, pour le plaisir, et pour lui faire plaisir. Cela n'avait rien à voir avec le baccalauréat, aucune utilité apparente, et pourtant, c'était devenu essentiel pour nous. Nous avons tous eu des professeurs comme M. Savinel, qui nous ont fait vibrer, qui ont marqué notre vie entière avec leur passion, ou mieux, leur plaisir d'enseigner librement une matière qu'ils aiment énormément. Si je suis féru de langues, c'est grâce à M. Savinel, et aussi à M. Bisson et à M. Mermet (qui nous déclinaient nos noms en allemand), à M. Perron (qui nous faisait parler français avec la prononciation anglaise pour nous montrer que les *the* n'étaient pas si difficiles à exprimer pour nous et à nous faire dépasser notre peur du ridicule). Si j'aime la rigueur scientifique, c'est grâce à M. Gauthier qui a révélé en nous le plaisir de résoudre des problèmes, qui nous a transmis le respect pour les analyses logiques, et qui nous a enseigné les trois plus belles règles à appliquer dans la vie face aux problèmes :

Premièrement : lire l'énoncé,
Deuxièmement : lire l'énoncé,
et troisièmement : lire l'énoncé.

Nous avons trop tendance à oublier que les mathématiques, ce ne sont pas que des mathématiques, que le latin n'est pas que du latin, que les langues ne sont pas que des langues, et que par-dessus tout, au-delà de la connaissance de matières apparemment très cloisonnées, c'est le passé de l'humanité que nous apprenons, c'est un témoignage que nous recevons de nos ancêtres pour mieux continuer à découvrir ce monde extraordinaire qui est le nôtre, monde intérieur et extérieur, monde humain et animal, monde visible et invisible. Ces trois règles de M. Gauthier, par exemple, sont un véritable condensé de philosophie et de science. Elles peuvent nous guider et nous éviter de nombreux pièges aussi bien dans la vie professionnelle (combien de fois nous précipitons-nous sur une solution sans avoir suffisamment examiné le problème scientifique, financier ou commercial à résoudre...), que dans notre vie personnelle (problèmes affectifs ou spirituels, psychologiques ou médicaux, philosophiques ou politiques).

L'école, c'est avant tout un lieu où l'on se découvre soi-même grâce à la rencontre d'hommes et de femmes qui transcendent leur compétence, qui prennent leur plaisir dans le partage, conscients qu'ils favorisent la croissance et l'éclosion de la personnalité de nombreux élèves qui prolongent et renforcent la chaîne ou l'hélice de l'humanité. L'école risque de devenir un programme, des ordinateurs, et accessoirement des assistants pour les faire marcher, sous la raison perverse de vouloir donner le même enseignement à chacun. L'école ne peut pas être égale pour tous, de même que la médecine ne peut pas être égale pour tous. Les professeurs, comme les médecins, sont tous différents, et ne peuvent pratiquer leur métier de la même façon, sauf à devenir des robots, ce qu'une élite technocratique aurait tendance à souhaiter, pour éviter en théorie les dérapages individuels. Pour supprimer le risque de la différence, on risque de supprimer aussi le bénéfice de l'école ou de la médecine. Si on veut éviter le risque de la mort, il faut éviter de donner la vie...

Nous devrions au contraire :
– renforcer le pouvoir et l'autonomie des maîtres et des professeurs ;
– cultiver la différence entre les élèves, entre les enseignants, entre les écoles ;
– fixer clairement et consensuellement les objectifs directeurs du système scolaire, comme par exemple :
• acquérir la liberté et l'accès au bonheur par les connaissances générales et scientifiques ;
• apprendre à se connaître soi-même et à s'apprécier pour sa personnalité spécifique ;
• découvrir le monde qui nous entoure, les métiers, la nature, la politique ;
• apprendre les bases de la survie en société (cuisine, comptabilité, droit, hygiène) ;
– définir quelques points de passage et de contrôle obligatoires ;
– décentraliser le plus possible la responsabilité de gestion à des institutions paritaires locales ou régionales.

Seuls l'acceptation et le renforcement des différences permettront l'enrichissement par l'expérimentation, et donc l'émergence de nouvelles formes de transferts de connaissances.

Nous pouvons imaginer une *école du bonheur*, comme

le sont certaines classes de maternelle qui partent des désirs des enfants et s'adaptent à eux, à chacun d'eux, indépendamment de tout programme contraignant ;

– une école ouverte sur le monde qui consacre le tiers de son temps à rencontrer des hommes et des métiers, un autre tiers à cultiver son corps et les arts, et le troisième tiers à répondre à la curiosité naturelle des enfants, dans des ateliers self-service ;

– une école qui forme l'enfant à découvrir et apprécier ce qu'il est vraiment, qui renforce encore son amour de la vie et son envie de participer au monde, au lieu de développer la peur et la conscience de son inutilité ;

– une école qui prenne comme valeurs principales l'amour, la confiance et l'accomplissement personnel plutôt que l'esprit de compétition qui doit être considéré comme une transition pathologique éphémère ;

– une école qui enseigne aussi bien les maths que la psychologie, aussi bien la géographie que la cuisine ou la comptabilité, aussi bien Louis XIV et Platon que Confucius, Jésus ou Gandhi ;

– une école presque totalement décentralisée quant à la mise en œuvre des moyens, aussi bien au niveau des horaires et des vacances que même et surtout des programmes ou des méthodes pédagogiques, mais *recentrée sur le projet collectif de développer la confiance des enfants dans la vie*, de répondre à leurs *sollicitations intellectuelles, culturelles, physiques*, et pas seulement de leur donner un niveau de compétence théorique et technique.

Il n'est de richesse que d'hommes, alors sachons développer la richesse personnelle de nos enfants pour augmenter leur valeur ajoutée personnelle, plutôt que de les considérer uniquement comme des ordinateurs que l'on nourrit avec le maximum de progiciels. Dans les entreprises, les capacités humaines sont au moins aussi importantes que les compétences techniques. Combien de temps et d'énergie consacrons-nous à exprimer et développer ces capacités ?

Des écoles différentes existent depuis longtemps, établissons un bilan et lançons des expérimentations. Mots clés pour l'école : bonheur ; confiance ; plaisir ; personnalité ; décentralisation ; individualisation.

La politique, le travail et le dimanche

Faut-il oui ou non maintenir au dimanche son caractère « sacré », en l'occurrence férié dans les pays de forte influence catholique ? Les parlements sont placés devant des responsabilités nouvelles qui touchent au bonheur, et ils n'y sont pas préparés. Les débats sont maigres et fades, et seuls les intérêts financiers ou pratiques sont pris en considération alors qu'ils ne sont pas au cœur du problème. Il devient pourtant nécessaire, puisque les religions n'interviennent plus dans l'organisation de la société, que les élus prennent davantage en considération l'aspiration au bonheur, traditionnellement réservée au domaine spirituel.

En l'occurrence, est-il ou n'est-il pas souhaitable, conformément à l'intuition des différentes religions, d'interrompre collectivement notre système économique de production et de consommation une fois par semaine, pour prendre conscience de nos habitudes conditionnées et conditionnantes, pour rencontrer le silence, pour réduire notre consommation d'« avoir » et nous centrer davantage sur « l'être » ?

Il n'est pas suffisant de permettre à chaque personne de se « reposer » deux jours par semaine. Le repos individuel ne remplace pas le repos collectif. L'on sent bien, le dimanche ou les jours fériés, que s'installe une autre ambiance dans la ville ou dans le village, dans les relations entre les personnes. C'est la fête ou bien c'est l'ennui, mais dans tous les cas il y a rupture, donc incitation au déconditionnement, et donc progression vers le bonheur. Est-il ou n'est-il pas acceptable de limiter la liberté individuelle de consommer au profit d'une certaine conception de la vie ?

En tout état de cause, il convient de se poser la question pour ne pas laisser vacante une partie éventuellement essentielle de la réflexion sur l'organisation de la société auparavant dévolue au pouvoir religieux. Si nous n'enrichissons pas la réflexion politique, les traditions des dimanches catholiques, des shabbats juifs ou des vendredis musulmans vont se fondre progressivement dans un brouhaha collectif où chacun devra se replier sur lui-même pour échapper à l'emprise gloutonne de la société de consommation.

Dans l'ancien temps, le pouvoir politique était religieux parce que les dirigeants ne pouvaient tirer leur autorité sur les autres hommes que d'une relation particulière avec les dieux, puis avec le Dieu unique. Le chef s'imposait grâce à l'idée que le peuple se faisait de sa puissance magique. Soit il devait être un dieu lui-même (le Pharaon par exemple), soit il devait être proche des dieux ou de Dieu (Moïse). En tout état de cause, il ne pouvait s'imposer à ces meutes incultes et brutales que nous étions, nous les hommes, qu'en utilisant ce subterfuge. Tous les besoins des hommes étaient pris en charge par le pouvoir politico-divin, puis politico-religieux : la sécurité, le confort, puis l'éducation ; les besoins de l'âme et du corps, des sens et de l'esprit, de la vie matérielle et immatérielle.

Et peu à peu, grâce à cette organisation politico-religieuse, l'homme s'est cultivé, a pris goût à la tranquillité, à la culture, le plaisir a commencé de laisser émerger un soupçon de bonheur, l'ordre a pris progressivement le pas sur le désordre, la démocratie sur les totalitarismes, le pouvoir politique a pu asseoir son autorité sur la volonté des hommes et non plus sur celle des dieux, il s'est séparé du pouvoir religieux (du moins dans les pays évolués) et, entre eux, ils se sont réparti tacitement les pouvoirs : au politique le matériel, au religieux le spirituel.

Le bonheur, dans sa définition scientifique présente, repose le problème de cette répartition : le bonheur ressort-il du spirituel ou du temporel ? Du pouvoir religieux ou du pouvoir politique ?

Du fait de la croissance considérable du « plaisir national brut » dans les pays développés, la question du bonheur va devenir un enjeu politique majeur, dont le signe est l'avènement de l'écologie, émergence d'une nouvelle revendication politique. Derrière la protection de la nature, affiche vieillotte et peu scientifique (la nature intègre l'homme, l'homme fait indéfectiblement partie de la nature, toute dichotomie entre les deux appartient au passé), les écologistes font preuve d'une intéressante modernité néocorticale : ils réclament beaucoup moins de travail pour chacun et beaucoup plus pour tous, une autre organisation de la société, mieux centrée sur les besoins profonds de l'homme, ils remettent en question la déformation « compétitionniste » de l'économie, du sport, de la politique, de la société en général. En bref, les écologistes s'intéressent au bonheur et représentent de ce fait les pionniers de la nouvelle politique, ni religieuse, ni laïque, mais néocorticale.

Coline Serreau, dans ses films *Trois hommes et un couffin*, *La Crise* ou *La Belle Verte*, ou dans sa pièce de théâtre *Lapin Lapin*, met en scène de façon extraordinairement créative et intuitive les excès et les erreurs du monde actuel et incite à remettre en cause nombre des croyances populaires. Par-delà son ultraféminisme un brin désuet et terriblement attendrissant, elle s'inscrit dans la lignée des grands auteurs qui peuvent nous aider à construire notre bonheur. Pour n'évoquer qu'une seule image dans son torrent de créativité permanente et d'intuitions fulgurantes, j'éprouve une profonde affection pour les « concerts de silence » que Coline Serreau organise dans *La Belle Verte*. Se réunir dans un décor naturel et faire partager à de très nombreuses personnes le plaisir du silence : voilà une autre façon de concevoir les rassemblements religieux, point n'est besoin d'une vérité révélée, d'un Dieu qui conçoit, ordonne, châtie et pardonne, il suffit de faire corps avec la nature, avec les autres, de s'abandonner à notre environnement.

Aujourd'hui, l'écologie peut s'appuyer sur les progrès scientifiques et technologiques pour favoriser le développement du néocortex, maintenant que sont largement comblés les besoins reptiliens et limbiques. Il ne s'agit pas de stopper le progrès ni de revenir en arrière mais d'aller de l'avant. Rien n'était « mieux avant ». Tout était différent. Et tout sera différent demain. Laissons émerger demain en ne nous crispant pas sur le passé, libérons notre énergie créatrice au service d'une meilleure organisation sociale, prenant un peu plus en compte les besoins de notre néocortex.

Le bonheur et le travail

Grâce à cette nouvelle grille des comportements humains, nous pouvons (et nous devrions) redéfinir notre relation au travail.

L'esprit de compétition ne peut plus être vu comme une forme « normale » de la relation entre les hommes ou entre les entreprises, mais comme une dérive *pathologique* issue d'un désaccord néocortex-limbique.

Le travail ne peut plus être considéré comme un asservissement qu'il conviendrait de fuir, de réduire voire de supprimer. Il devient logique de le reconnaître à la fois comme un devoir et comme un droit.

– Un *devoir* car, dans une société juste et équilibrée, chacun contribue aux besoins de l'ensemble. Aucun privilège ne devrait dispenser personne de l'obligation de travailler.

– Mais le travail doit être plus encore reconnu aujourd'hui comme un *droit de la personne*, un droit fondamental, prenant ainsi en compte l'évolution considérable du travail depuis le début du siècle ou la fin du siècle dernier. L'entreprise est de plus en plus un lieu d'épanouissement : c'est souvent dans l'entreprise que l'on apprend un ou plusieurs métiers, que l'on développe sa culture, que l'on prend conscience de son rôle social, que l'on rencontre des personnes avec lesquelles on monte des projets professionnels ou personnels, on fait du sport, on se marie ; c'est dans l'entreprise que l'on peut découvrir un peu plus le monde dans ses différentes dimensions. Bref, la revendication primordiale des « travailleurs » ne devrait plus être seulement de moins travailler, mais surtout de mieux travailler, en conformité avec leurs propres capacités individuelles ou leurs motivations profondes spécifiques. Comme le proposait déjà Guy Aznar il y a plus de vingt ans dans son livre *Non au travail, non à la retraite*, nous allons et devons aller chaque jour davantage vers moins de « travail » (travail subi), et vers plus de « travam » (travail voulu).

Pour garantir un travail à chaque citoyen, nous devons faire évoluer notre système économique. Ce n'est certes pas facile, mais le principal écueil est d'ordre psychologique (« La force des choses n'est que la faiblesse des hommes », dixit George Bernard Shaw) : notre société sur ce point manque de volonté, de conviction, de motivation suffisantes.

– D'un côté, il y a ceux qui baissent les bras (inhibition-dépression) : ils pensent (pensée conditionnée) qu'il n'y a pas de solution au problème du chômage et que, de toute façon, ils n'ont aucun atout personnel pour réussir (c'est pour cela qu'ils sont « inhibés » : leur intelligence censure cette pensée qui bloque leur envie d'intervenir dans le processus et de faire confiance à la vie).

— D'un autre côté, il y a ceux qui sont les gagnants du système (lutte-agressivité), ceux qui ont un travail, ceux qui se trouvent valorisés d'être du bon côté : ils pensent que la réussite couronne les efforts et le courage, et/ou la « bonne » éducation et que, lorsqu'on est au chômage, c'est un peu de sa faute (cette pensée conditionnée les met en urgence, les rend agressifs, mais ça ne se voit pas parce que l'agressivité est ressentie comme une force positive et non comme une pathologie).

— Et enfin, il y a les agités, les anxieux qui exhortent les autres à la méfiance, qui ont peur de faire des enfants par crainte d'aggraver le processus, qui ne cessent de « lutter contre le chômage » pour mieux éviter de penser ou de repenser le système : ils ne peuvent supporter l'image de cette société « inégalitaire » et « injuste », ils pensent qu'il faut « se remuer » et appliquer l'exemple américain ou venir en aide aux plus démunis, qu'il faut relancer la consommation par n'importe quel processus. Ils contribuent à développer la peur et la méfiance.

De fait, personne n'évoque jamais la suppression du chômage : on n'y croit pas ou on ne le souhaite pas, on n'ose pas aborder les failles du système libéral par crainte d'un retour au système collectiviste.

Le bonheur, la politique, l'économie, l'écologie 207

Il faut bien reconnaître que si le plein-emploi était définitivement assuré, cela poserait certaines questions :

– Comment « pousser » les gens à travailler ? Les tenants de l'esprit de compétition sont en effet persuadés que l'homme n'avance que s'il est forcé de le faire. Cette idée n'est pas pertinente car l'homme regimbe seulement quand on le force à aller dans un sens contraire à sa volonté. Or, de plus en plus, les entreprises et les salariés ont des projets qui ne sont pas antagonistes. Les entreprises devront seulement faire preuve de créativité pour motiver les gens à venir travailler, rechercher l'adhésion des salariés au projet de l'entreprise, renforcer l'aspect épanouissant de l'emploi, ce qui est déjà en train de se faire.

– Comment conserver le personnel dans l'entreprise si, au moindre problème, les salariés peuvent menacer de partir ? Le plein-emploi modifie la donne de la gestion des ressources humaines : les salariés deviennent une catégorie de personnes à motiver et à séduire, tout comme les clients de l'entreprise, et peut-être aussi les fournisseurs. Mais l'on sait déjà que la qualité de la gestion des ressources humaines fait partie du savoir-réussir des entreprises, comme le marketing et l'ingénierie.

– Les revendications salariales ne vont-elles pas devenir insupportables pour les entreprises ? En réalité, le problème est le même que pour la compétition économique ou commerciale, la libre négociation aboutit à une régulation automatique de l'offre et de la demande.

– Comment inciter les enfants à travailler à l'école si l'on ne peut plus agiter le spectre du chômage ? Là aussi, il faudra inventer et renforcer l'attrait de l'école, et ça ne devrait pas être trop difficile, tant l'école est par nature un lieu de plaisir pour les enfants : plaisir du jeu, plaisir de la découverte. Il suffit de prendre exemple sur l'école maternelle, où la plupart des petits enfants rêvent de passer le plus de temps possible.

Après avoir levé les obstacles psychologiques à l'élaboration d'un système économique sans chômage, il faudrait étudier sur quelles bases il pourrait être institué. Par exemple conserver les avantages de l'économie de marché (respect de la personne, véritable démocratie économique), et supprimer la conséquence « chômage ». Or le chômage est précisément une conséquence directe de la libre régulation du marché : si on veut laisser le marché libre de fluctuer, il faut en même temps laisser la quantité de travail libre de fluctuer. Aujourd'hui, la quantité de travail est directement liée à la quantité de travailleurs donc, en négatif, détermine la quantité de chômeurs. Et si l'on modifiait l'unité d'œuvre ? *Si, au lieu de faire varier le nombre de travailleurs, on faisait varier le nombre d'heures travaillées ?* Cette nouvelle précarité sur la quantité de travail fournie par personne ne serait-elle pas plus facile à accepter et à gérer que l'ancienne précarité sur l'emploi, tant au niveau de l'individu qu'au plan de la société ? Chaque personne aurait l'assurance d'un emploi, mais pas d'une quantité d'heures de travail hebdomadaire, mensuelle ou annuelle. Rien n'empêcherait les anciens organismes d'assurance-chômage de se reconvertir dans de l'assurance sur les heures travaillées. Chaque année, on ferait fluctuer la durée maximale légale du travail, en fonction

Le bonheur, la politique, l'économie, l'écologie

de la conjoncture nationale et internationale, et pour chaque branche économique.

Dans la mesure où le travail devient chaque jour plus épanouissant, il n'y a pas de raison d'écarter du travail telle ou telle catégorie de personnes. Chacun doit pouvoir faire valoir son droit à travailler. Même les enfants, dès leur plus jeune âge, devraient disposer de ce droit ainsi que de ce devoir. On pourrait par exemple leur autoriser une heure par semaine dès l'âge de dix ans et une heure de plus chaque année, ce qui aurait pour conséquences de faciliter leur insertion sociale et de susciter des vocations professionnelles. De même la notion de retraite progressive devrait être généralisée et translatée : pourquoi ne plus travailler à quatre-vingts ans quand on est en pleine forme, ce qui est de plus en plus fréquent ? Cinq heures par semaine par exemple ? Bien sûr cela obligerait les entreprises à une gestion nettement plus sophistiquée (gestion individualisée des temps de travail) du personnel ; mais de nombreux exemples montrent déjà que de telles évolutions sont possibles.

Le nombre de personnes admises à disposer d'un emploi serait de ce fait multiplié par deux ou par trois, chacun travaillerait donc beaucoup moins longtemps, par exemple dix ou quinze heures par semaine.

Chacun aurait ainsi totalement accès et tout au long de sa vie : à la formation permanente, à la culture, au bénévolat, à des responsabilités politiques ou sociales, à des activités physiques ou artistiques, à la vie familiale, etc. Ce qui augmenterait également la compétence et la polyvalence de chacun, renforçant ainsi la souplesse et la fluidité du système.

Bien sûr tout ceci est un rêve, mais un rêve réalisable à partir du moment où nos conditionnements ne nous empêcheront plus de voir la réalité, à partir du moment où notre peur de l'inconnu aura laissé la place à notre instinct de découverte, à notre goût pour le vrai progrès, pour l'expérimentation, à notre joie de vivre.

L'entreprise, le bonheur et l'argent

L'entreprise est traditionnellement définie par sa finalité économique, la production de richesses. Cette finalité est-elle toujours pertinente ou bien est-elle devenue obsolète ? L'homme doit-il chercher à avoir de l'argent, toujours plus d'argent, l'argent fait-il bien le bonheur ?

En fait, nous pouvons déduire de nos réflexions précédentes que l'argent, un minimum d'argent, est un passage obligé pour le bonheur. En effet, il est aussi la condition de la liberté, du temps, de la connaissance, de la formation, du développement personnel. L'avoir est la condition de l'être. Sans avoir, sans liberté intellectuelle, on ne peut pas accéder à sa propre culture, donc à son bonheur.

L'argent, la production économique et technologique sont la condition sine qua non du bonheur. Sans lui, sans elle, pas de progrès scientifique, pas de développement de la communication, pas de libération néocorticale. Bien sûr, cette richesse peut être également la principale source du malheur : si elle est consacrée à la recherche du maximum de plaisir, elle devient dès lors une source de malheur puisqu'elle conforte le limbique dans ses errements et qu'elle écrase l'épanouissement de la personnalité. Mais si l'enrichissement permet de consacrer plus de temps et de moyens à vivre pleinement, à s'épanouir, à s'ouvrir à soi et aux autres, à la nature, à développer son potentiel créatif, alors la richesse est bien la clé du bonheur. Nul doute par exemple que si nous pouvons aujourd'hui disserter ensemble sur les conséquences de la recherche scientifique en neuro-psychobiologie, c'est que des milliers d'années de production de richesses ont permis à l'humanité d'aboutir à ce degré d'organisation et de connaissances que l'intuition ou la réflexion seules n'auraient pas réussi à égaler.

Sur le plan individuel autant que collectif, la production de richesse doit donc rester un objectif majeur de l'économie, en prenant bien soin de ne pas relâcher sa *vigilance* quant à l'usage qui est fait de cette richesse produite tant au niveau de l'individu, de la famille, de l'entreprise, de la collectivité ou du pays.

Peut-on améliorer encore le rendement de cette économie productrice de richesse, et donc potentiellement productrice de bonheur ? Nous assistons aujourd'hui dans les entreprises à une évolution intéressante : l'exploitation du potentiel de chaque salarié passe de plus en plus clairement par son épanouissement, c'est-à-dire par son bonheur. On peut ainsi considérer que l'humanité a vu se succéder plusieurs types d'entreprises :

– *L'entreprise « reptilienne »* (ou entreprise de survie), où la survie des salariés permettait la survie des clients ; c'était l'économie de production, la vie de tous était fragile et dure. Par exemple dans les mines de charbon qui garantissaient à peu près la survie des mineurs et de leurs familles, pour permettre aux clients de l'entreprise de survivre à leur tour en passant l'hiver grâce au peu de charbon qu'ils pouvaient se procurer.

– Puis *l'entreprise « limbique »* (ou entreprise du plaisir), représentante type de la société de consommation qui promet aux salariés et aux consommateurs, au-delà de leur seule survie, la possibilité de répondre aux besoins du cerveau limbique : besoins de sécurité, de propriété, de confort, besoins de progresser dans l'échelle sociale, d'être considéré(e), aimé(e), besoin d'appartenir à tel ou tel groupe, besoin de consommer tout ce que suggère la publicité.

– A présent nous entrons dans l'ère de *l'entreprise « néocorticale »*, où le bonheur des clients est nourri par le bonheur des salariés. Le *bonheur des clients*, c'est tout ce qui peut leur permettre de progresser vers une meilleure connaissance de soi et/ou du monde : stages de formation, livres et conférences scientifiques, voyages-découvertes, produits alimentaires et de santé qui favorisent le développement du potentiel physique et psychique de la personne, clubs de détente physique et psychique, etc. Le bonheur des clients, c'est aussi tout ce qui peut leur faire gagner du temps pour en consacrer davantage à ce qui les intéresse, leur projet personnel, ou leur expression créative, artistique. Pour le *bonheur des salariés*, stages de développement personnel, libre expression, renforcement de la confiance en soi, incitation à la créativité et à la personnalisation des tâches, participation directe ou indirecte à la marche et au projet de l'entreprise. Les responsables de ces entreprises pensent qu'effectivement « il n'y a de richesse que d'hommes », et qu'il convient en conséquence de chercher à optimiser ces ressources humaines. Ils sont de plus en plus à l'écoute de leurs salariés, non plus seulement collectivement mais aussi individuellement, ils mettent en œuvre des programmes spécifiques de formation pour enseigner à leurs salariés à mieux exprimer leur personnalité, à mieux intervenir dans les processus internes qui concourent à la valeur ajoutée de l'entreprise.

Cette « entreprise du bonheur » fait davantage reposer les relations sur la confiance que sur la méfiance et la culpabilisation, sur le respect de la différence et l'encouragement à « l'impertinence pertinente ». Elle encourage les salariés à progresser et à s'épanouir, même en dehors de l'entreprise, même au risque de les perdre au bénéfice d'une autre entreprise qui pourrait mieux utiliser leur potentiel ; c'est une entreprise qui favorise l'implication de ses salariés dans les domaines de l'art et de l'action associative, qui propose largement le temps partiel et le temps choisi, les horaires souples et la préparation à la retraite, les congés sabbatiques et le cumul pluriannuel des congés, etc.

« L'entreprise du bonheur », c'est également une entreprise qui ne cherche pas à croître à tout prix, à être plus grosse ou plus forte qu'une autre (instinct limbique grégaire), mais une entreprise qui cherche davantage à être juste, cohérente, claire dans son projet et dans sa politique, une entreprise qui s'aime pour ce qu'elle est et ce qu'elle a été, et non pas seulement pour ce qu'elle pourrait devenir, une entreprise qui accepte son passé et invente tous les jours son futur dans l'ici et le maintenant, puisant son énergie et son rayonnement dans le bonheur de ses salariés, de ses clients, de ses fournisseurs.

« L'entreprise du bonheur », c'est une entreprise qui met le marketing au service de son projet et pas l'inverse, une entreprise qui met les finances au service de son projet et pas l'inverse.

*Le bonheur au service
de la croissance économique*

Les besoins exprimés par les consommateurs sont de plus en plus en relation avec l'épanouissement néocortical : individualisation et personnalisation des produits et des services, multiplication des produits de formation et d'information qui permettent d'améliorer ses connaissances scientifiques et philosophiques, développement des produits culturels et artistiques. On a pensé à un certain moment, devant les excès de la société de consommation, que l'économie était appelée à stagner, voire à régresser. C'était l'époque où le club de Rome annonçait une « croissance zéro ». De leur côté, les écologistes réclamaient eux aussi une pause de la croissance économique, ils voulaient de la qualité, pas de la quantité.

En réalité, il n'y a pas opposition entre *bonheur* et *croissance*, au contraire, pas plus qu'entre croissance et qualité. Rien ne limite le développement potentiel de l'économie, sinon la peur de vivre qui caractérise nos sociétés actuellement : peur de rêver un monde meilleur et de le mettre en place, peur de supprimer le chômage et de proposer un autre modèle de développement, peur que les progrès de l'humanité soient de faux progrès et que le monde devienne de moins en moins vivable, peur que dans la course à la compétition rythmée par les Etats-Unis d'Amérique, le reste du monde soit hors jeu, peur que nos enfants vivent un monde plus difficile, etc. Bref, la peur anesthésie notre soif de consommer, le limbique empêche le néocortex de s'exprimer, et plonge l'économie dans une forme de dépression.

La consommation mondiale est en état d'urgence par incohérence entre la pensée dominante limbique conditionnée et le potentiel néocortical considérable de la planète. Nous avons vécu une consommation de lutte lors des premiers développements de l'industrie, avec les grands chantiers, les grands projets, les grandes espérances. Puis, ce fut une consommation de fuite, agitée, superficielle, excessive, à laquelle succède aujourd'hui une consommation inhibée, marquée par le repli sur soi et les dépenses de sécurité. La représentation en est l'essor des grandes compagnies d'assurances qui sont en passe de devenir propriétaires de toute l'économie mondiale tellement leur richesse est incommensurable.

Bientôt nous sortirons de cette crise, en particulier lorsque nous mettrons en cause notre façon de voir les choses, lorsque nous « penserons autrement la vie ». Quand nous répondrons à l'angoisse des hommes en nous penchant avec détermination et espoir sur les grands problèmes actuels de la société en évitant la politique de l'autruche, quand nous déclarerons le droit au travail, quand le temps de travail sera considérablement réduit, quand chacun comprendra que l'éducation et la culture permettent d'accéder au bonheur, alors l'économie repartira de plus belle vers des sommets sans cesse plus élevés, libérée de l'entrave des états d'urgence de la consommation. Depuis l'origine de l'humanité l'économie a répondu aux aspirations des hommes, et elle continuera de le faire en se consacrant de plus en plus aux besoins néocorticaux, aux besoins d'être, aux besoins de bonheur.

Le bonheur et la politique retrouvée

Nombreux sont les déçus de la politique. Et pourtant, lorsque l'on côtoie de près le monde politique et les élus, on découvre un monde extrêmement difficile et complexe, frustrant, dévalorisé à tort car, dans la très grande majorité des cas, les politiques sont des personnes de qualité qui font preuve d'un réel dévouement au service de leurs électeurs. On leur reproche de ne pas faire « avancer les problèmes », mais qui est bloqué, qui est décevant, le monde politique, le système électoral ou les électeurs ?

Le problème réside dans l'insuffisance de la réflexion politique, elle-même issue de l'insuffisance de la réflexion philosophique, elle-même provenant de la peur de rêver un monde meilleur. L'échec récent de grandes idéologies, avec les drames qui en ont résulté, a créé un état d'urgence généralisé par insuffisance de décantation et de réflexion. Au lieu d'attribuer ces échecs aux fanatismes idéologiques, on les attribue inconsciemment aux idées dont ils se sont prévalus, incitant ainsi à reléguer au rang d'utopies malsaines toutes les idées pouvant s'inscrire dans une dynamique un peu audacieuse. On confond le *rêve-projet*, objectif conceptuel permettant la mise en œuvre de moyens et leur modification permanente, avec le *rêve-fantasme* qui est une fuite devant le réel et ne fait que représenter un moment d'oubli dans un monde qu'on s'oblige à accepter tristement. Nous devons réhabiliter le rêve-projet, du type de celui qui a permis d'aller sur la lune ou de fonder le mouvement européen.

L'état de bonheur facilite l'idéation sans peur ni censure, pour ensuite mieux accepter tout l'enrichissement et les critiques constructives qui peuvent venir enrichir, améliorer ou annihiler le projet. Le bonheur rend la politique aux citoyens qui retrouvent leur volonté d'agir pour l'évolution permanente du monde dans lequel on vit, de former des projets forts pour lesquels on élit des responsables politiques chargés de les faire avancer. Aujourd'hui, il n'y a plus de projet fort (de « grand dessein »), donc les politiques ne sont jugés que sur des paramètres aléatoires et futiles. Avançons le bonheur, et nous renforcerons l'engagement politique de chacun, l'espoir et le progrès rapide de la société.

Ce qui manque aujourd'hui à la politique, c'est la volonté, et la volonté s'appuie sur le rêve, sur le désir. Il serait erroné de penser que la population n'a pas ou n'a plus de désirs, seulement elle n'ose pas les exprimer, elle n'ose même pas se les avouer. La politique comme l'économie souffrent de la méfiance, mais ce n'est qu'une phase transitoire.

5.

Le bonheur peut-il remplacer Dieu ?

Dieu est mort, vive la religion !

« Dieu existe-t-il ? », « Croyez-vous en Dieu ? » sont des questions aujourd'hui dépourvues de sens. Bien sûr, Dieu existe. Par définition, puisque c'est l'homme qui l'a imaginé. Dieu est un concept et l'homme crée les concepts dont il a besoin. Soit pour calmer ses états d'urgence, soit pour répondre aux besoins de son intelligence. Les concepts sont des matériaux de construction qui servent à bâtir de nouvelles hypothèses, imaginer des expérimentations, déterminer des stratégies. Les besoins évoluent au fur et à mesure de la connaissance, mais les concepts n'évoluent pas toujours au même rythme.

L'homme a créé le concept de Dieu pour répondre à la question de la *création* : tout a une cause, tout a un effet, il paraissait donc légitime de se demander quelle était la cause qui avait produit l'homme. Si on la trouvait, on comprendrait peut-être ce qu'il adviendrait de l'homme après la mort. Et Dieu était donc également la

Le bonheur peut-il remplacer Dieu ?

réponse à la deuxième question de l'homme : que devenait-il « après »...

Cette réponse-concept a très bien fonctionné durant des millénaires. L'invention d'un monde divin à l'image des hommes et simplement doté de l'immortalité et d'une puissance infinie a paradoxalement suffi à calmer un peu l'angoisse existentielle, et à permettre une organisation qui mène les hommes vers leur destin. Depuis quelques siècles et spécialement ces dernières années, on n'a plus tellement envie d'accepter ce concept dans son intégralité. On continue de parler de Dieu, mais sans trop vouloir creuser ce que l'on met derrière ce vocable.

C'est que peu à peu, la question de la création s'est révélée être une mauvaise question, en particulier depuis Lavoisier : « Rien ne se perd, rien ne se crée, tout se transforme. » Alors, la notion de création divine a été remplacée progressivement par celle d'*évolution* : évolution du singe vers l'homme, d'abord, puis du serpent vers l'homme, puis émergence d'un nouveau concept, celui de *big-bang* qui représente physiquement le passage de rien à tout, de l'énergie à la matière, mais en fait, c'est la même chose : s'il n'y a pas de création, si tout est transformation, c'est que le big-bang n'est qu'une étape dans cette transformation, et qu'auparavant il y a autre chose. Oui, mais qui a créé ce système dans lequel rien ne se crée ? Comme précisément rien ne se crée, *la notion de création n'est qu'une projection anthropomorphique de notre angoisse*. Ce concept philosophique (celui de création) est aujourd'hui vide de sens. Il nous a bien servi, mais maintenant, nous devons en trouver un autre, nous devons trouver de meilleures questions

D'ailleurs, pour renforcer encore l'obsolescence de la question de création, intervient une autre notion scientifique et philosophique : le *temps*. Einstein relativise le temps et nous met en face de sa subjectivité. Les scientifiques nous expliquent que la relation de cause à effet n'a de sens que dans un temps linéaire (c'est-à-dire un temps qui détermine un avant, un pendant et un après), et n'en a plus dès qu'il devient cyclique ou nul. Donc, la notion de temps n'a de sens qu'à l'intérieur du système d'espace-temps qui est le nôtre. Par définition, la question de la création devient non pertinente à l'extérieur.

En résumé, la création n'existe pas en tant que telle, car tout est transformation ; et d'autre part, la création n'existe que pour un système où le temps existe. Or, tout nous porte à croire que le temps n'est pas une donnée absolue mais relative et subjective. Si l'on prend en considération l'ensemble de l'univers, celui que l'on commence à connaître et celui qu'on ne connaît pas encore, il nous faut bien admettre que ces notions d'avant, pendant, après n'ont plus beaucoup de sens aux plans scientifique et philosophique.

« Croire en Dieu », cela signifie aussi croire qu'il y a quelque chose après la mort. Ce qui n'a pas plus de sens que de croire en Dieu créateur de l'homme, puisque s'il n'y a pas de sens au mot « avant », il n'y en a pas davantage au mot « après ». Nous devons admettre que toutes les interrogations sur l'avant et sur l'après de l'humanité ou de la vie en général n'ont aucune chance d'aboutir, qu'elles sont devenues scientifiquement et philosophiquement désuètes. Elles ne peuvent plus être

Le bonheur peut-il remplacer Dieu ?

qu'un facteur de souffrance, pas de progrès, et encore moins de bonheur.

La *foi* en Dieu, en ce Dieu créateur qui n'a plus beaucoup de sens, pourrait aujourd'hui se transformer et non pas disparaître. Elle devrait évoluer et venir se confondre avec la notion de *confiance* : confiance dans la vie, dans l'amour, dans le bonheur de l'existence, dans le fait que la vie a du sens, dans l'acceptation de l'inconnu. Cette foi ne s'invente pas, elle n'est pas « révélée », elle se travaille, elle est raisonnable et raisonnée.

– La foi pourrait consister à accepter les limites dues à la subjectivité humaine, à comprendre et à admettre que l'on ne peut pas être en même temps dans la vie et comprendre le sens de la vie ; mais si l'on ne peut pas comprendre ce sens, on peut cependant constater que la vie a un sens.

– La foi pourrait consister à ne plus chercher à l'extérieur la réponse à nos angoisses, puisqu'on sait maintenant que ces angoisses sont le fruit d'un conflit intérieur entre notre réflexion intelligente et nos programmes limbiques.

– Et cette foi pourrait parfaitement sous-tendre une religion, une nouvelle religion, non plus révélée par le contact plus ou moins magique d'un grand sorcier avec tel ou tel Dieu, non plus fondée sur une quelconque image de l'« au-delà », mais élaborée autour d'une même confiance en l'homme, en son destin, en sa responsabilité, en son intégration au sein de la nature.

Autant les concepts traditionnels de Dieu sont devenus désuets, autant les serviteurs de Dieu continuent de forcer mon admiration et mon respect. C'est grâce à leur engagement empreint de générosité profonde que les hommes ont pu trouver leur chemin parmi la souffrance et l'angoisse, parmi la misère et la maladie. Les prophètes ont eu un rôle considérable : Moïse, dans la lignée de la civilisation égyptienne, a élaboré des règles de vie qui ont permis de mettre de l'ordre à l'époque limbique de l'humanité (« Dieu » s'impose par la force) ; puis Jésus, début et sommet de la néocorticalité, fait prendre conscience aux hommes que l'assouvissement des désirs reptiliens ou limbiques ne fait pas le bonheur, que le bonheur est ailleurs, dans le lâcher-prise à ses conditionnements, à ses instincts grégaires, que l'avidité mène au malheur, que la vraie force est dans l'amour, amour de soi, amour des autres, amour inconditionnel de la vie. Superbe, et aujourd'hui confirmé par la science ! Avant lui, dans d'autres territoires, Confucius et Bouddha avaient déjà posé les bases et énoncé des règles qui sont d'excellents chemins vers la néocorticalité et donc vers le bonheur. Leur sagesse intuitive est admirable. De même, Mahomet, quelques siècles plus tard, adapte et répand des règles qui s'opposent aux dérives limbiques et stimule le néocortex. Ces « prophètes » sont à la fois de grands philosophes et de grands politiques. De nos jours, l'humanité sécrète encore de grands leaders charismatiques, mais ils n'ont plus l'obligation de s'exprimer au nom de Dieu (Gandhi, par exemple).

Sans ignorer les dérapages et les abus que les religions ou les religieux ont maintes fois engendrés, reconnaissons que leur bilan dans l'histoire et dans le monde est extraordinairement positif. Ne peut-on pas remettre le dogme en question mais conserver ses « ministres » ?

Doit-on au contraire considérer que ces « métiers »-là sont révolus et tenter de concevoir des serviteurs laïques, des « serviteurs de l'homme » comme le sont par exemple les French Doctors (c'est-à-dire les Médecins du monde ou les Médecins sans frontières), ou plus largement les membres des associations humanitaires (comme Equilibre, ou Handicap international, ou bien d'autres comme Amnesty International ou la Croix-Rouge) ?

Les religions et surtout les religieux jouent encore aujourd'hui un rôle essentiel dans le chemin des hommes vers le bonheur en ce qu'ils favorisent l'ouverture à soi et aux autres, et donc à la vie. Ils nous incitent à la réflexion (c'est mon aumônier du lycée, le père Albert Chassagneux, qui m'a incité à dépasser son enseignement, c'est lui qui m'a inculqué le goût de remettre les dogmes en cause, quels qu'ils soient...) ; ils nous confrontent au mystère de la mort et de la vie, ils nous rappellent à la fois la force et la fragilité de l'homme, ils nous offrent de très larges occasions de silence où l'on peut se retrouver, ils nous aident à fêter les heureux événements, ils nous apprennent et nous aident à faire le deuil quand c'est nécessaire. Bref les religions, et surtout les religieux, sont utiles bien au-delà des propositions de Dieu créateur ou de vie après la vie qu'elles – ou ils – véhiculent. La religion bouddhiste se distingue des autres par le fait qu'elle ne propose aucune image de Dieu. C'est probablement ce qui fait son succès grandissant mais elle serait certainement beaucoup plus fréquentée si elle abandonnait également son dogme sur la réincarnation...

Le seul défaut de certaines religions (ou de certains

religieux), par rapport au bonheur, c'est leur attitude culpabilisante qui s'oppose à l'acceptation de soi et à l'amour inconditionnel de soi, si essentiel au bonheur. Ce comportement culpabilisant est directement proportionnel à l'intégrisme et au fanatisme qui sont les dérives limbiques possibles pour toute croyance. Ces perversions ont fait énormément de mal dans le passé et encore aujourd'hui, mais peut-être était-ce une dérive incontournable ? Lorsque l'humanité était « en enfance », c'est-à-dire essentiellement « limbique », peut-être fallait-il l'empêcher de trop se nuire ? Aujourd'hui qu'elle parvient à l'âge de l'adolescence, il faut exacerber son potentiel de réflexion et d'autodétermination néocortical. La tendance à la moralisation et à la culpabilisation disparaîtra des comportements des leaders (religieux, politiques, familiaux, économiques) au fur et à mesure que les populations refuseront d'être culpabilisées, ce qui est de plus en plus le cas. C'est le cercle vertueux de la néocorticalité.

L'homme est-il bon ou mauvais ?

Il me paraît aujourd'hui légitime de superposer les notions de *bonté* et de *bonheur*, celles de *malheur* (agressivité, anxiété, déprime) et de *méchanceté* (« mauvaiseté »...). Lorsqu'un enfant pleure, ce n'est pas parce qu'il fait « un caprice », mais parce qu'il souffre et qu'il a besoin d'aide. Le caprice éventuel est un appel à l'aide, une forme d'expression de la souffrance. De même l'homme malheureux est méchant parce qu'il souffre, il projette sur les autres, et de façon démultipliée, toute la haine que ses conditionnements le poussent à avoir pour lui-même. Même si l'homme malheureux « veut » être bon, il ne le peut pas, il ne peut que faire du mal car il *se* fait du mal. Il aura beau faire, beau dire, le résultat de ses actions sera toujours teinté par cette souffrance profonde qu'il s'inflige à lui-même.

Lorsque l'on est heureux, on a de l'amour et du respect pour soi, on s'accepte soi-même. On accepte toutes les parties de soi, aussi bien celles qui sont réputées aimables que celles qui sont réputées détestables : son « courage » et sa « lâcheté », sa « beauté », et sa « laideur », sa « bêtise », etc. Alors, étant ouvert à soi, à toutes les dimensions de soi, on est ouvert aux autres, on projette sur les autres, sur le monde, sur la nature, l'amour vrai qu'on tire de sa propre acceptation, de son propre épanouissement. Un amour inconditionnel. Encore une fois, amour ne veut pas dire inertie, l'amour n'empêche pas d'intervenir sur le monde ; il permet de le faire sans aigreur ni ressentiment, sans mépris ni complexe de supériorité, sans agressivité, simplement avec l'humilité sereine de celui ou de celle qui remplit sa mission d'humain. On peut donc dire que l'homme heureux est bon.

En d'autres termes, l'homme bon est bon parce qu'il est heureux, et non parce qu'il se force à l'être par morale ou par discipline, par peur de la réprimande des autres ou de Dieu lui-même... On ne peut pas se forcer à être bon. Ça ne marche pas. Et réciproquement, l'homme méchant est méchant parce qu'il est malheureux.

En conséquence, et tant que les hommes, tous les

hommes ne seront pas heureux, la justice humaine est parfaitement justifiée et nécessite une grande détermination dans sa mise en œuvre : par la mise à l'écart des criminels, elle empêche les personnes malheureuses de trop nuire aux autres. En outre, elle crée une barrière supplémentaire dans le cerveau limbique de la population qui peut éviter à un malheureux de passer à l'acte (la « peur du gendarme »). Par contre, nous nous mettons en urgence chaque fois que nous portons un jugement moral sur quelqu'un qui commet un délit ou un crime, parce que notre intelligence ne peut pas être d'accord avec un tel jugement. Observez bien : vous ne verrez *jamais* un jugement moral sans état d'urgence de la part de celui ou de celle qui le prononce. En effet, ce n'est pas de sa faute si la personne qui commet ce délit ou ce crime est malheureuse, ce n'est donc pas de sa faute si elle est délictueuse ou criminelle. Tout en lui appliquant inflexiblement la sanction prévue par la loi des hommes, on peut continuer à l'*aimer* comme faisant partie de notre propre chair, de notre sang, de notre famille. Ce qu'elle est, nous aurions pu l'être. Ce qu'elle a fait, nous aurions pu le faire si nous avions été placés dans les mêmes conditions. Je dirai même que, sur le plan collectif, nous partageons la même faute et, pourtant, nous ne méritons aucun jugement de valeur.

La véritable prévention de la méchanceté, donc du malheur se situe au moment de la constitution ou de la transmission des conditionnements pathogènes, c'est-à-dire très tôt dans l'éducation des enfants. Nous devons nous efforcer de découvrir les conditionnements qui à la fois protègent l'enfant et le soutiennent, mais qui ne

Le bonheur peut-il remplacer Dieu ?

l'empêchent pas de se respecter et de s'accepter totalement pour ce qu'il est, physiquement et psychiquement. Il serait utile pour cela de lancer un ou plusieurs programmes de recherche scientifique sur ce sujet.

Et la *justice divine* ? Les communautés humaines ont toujours été confrontées à l'insuffisance des effectifs et des budgets de police et de justice pour maintenir l'ordre dans la société. Il était donc tentant et parfaitement logique d'exploiter l'angoisse existentielle et d'imaginer une justice divine avec des châtiments divins comme l'enfer, le purgatoire ou la réincarnation. Les pouvoirs politico-religieux l'ont fait de façon assez similaire dans toutes les cultures, dans toutes les religions. La question que nous sommes en droit de nous poser aujourd'hui, c'est : devons-nous pérenniser cette croyance ou cette superstition qui consiste à repousser dans le futur et/ou dans l'au-delà les bienfaits ou les sanctions de notre conduite sur cette terre, ici et maintenant ?

Le concept de Dieu pourrait finalement être réhabilité, après en avoir abandonné la partie archaïque. En particulier, Dieu pourrait désigner le sens de la vie, celui que nous ne pouvons discerner mais dont nous constatons l'existence au sillage de l'évolution. Ce Dieu-là est en nous, en chacun de nous, il nous guide lorsque nous sommes à son écoute, à notre écoute. Dieu, ce pourrait être alors la conscience de chacun de nous, ce noyau très dense d'énergie et de sens qu'est notre personnalité, cette « âme » qui est en nous, qui est nous, et qui bien sûr voit tout, sait tout, entend tout. Et nous pouvons communiquer avec elle quand nous le voulons, par la prière, la méditation, la centration, qui sont autant de moyens de rester en nous-mêmes, avec nous-mêmes. Et ce Dieu infiniment multiple et présent n'attend pas demain pour nous faire dire ce qu'il pense de nos actes et de nos pensées. Le jugement et la sanction sont immédiats. Dès que l'on s'écarte de lui, de l'authenticité, de l'amour de soi, de l'écoute intérieure profonde, les conditionnements pathogènes sont réactivés, les émotions s'installent et donc le « malheur ». Il n'est pas nécessaire d'attendre la « vie après la vie », l'addition est exigible tout de suite. De même le « paradis » est sur terre, c'est le bonheur, qui est le fruit d'un travail de déconditionnement adulte et d'une vigilance soutenue.

Religion, science ou philosophie ?

Faire reculer le mystère, faire progresser la connaissance, c'est faire reculer la crédulité et donc l'asservissement des plus faibles par les plus forts. La science reste la plus belle aventure de l'homme et l'amène peu à peu vers sa libération, vers son destin. Elle prend progressivement le relais des dogmes religieux dans la représentation de l'homme et de l'univers, mais elle laisse à la religion le soin de mettre en œuvre les « pratiques » sociales, spirituelles, rituelles, qui facilitent la vie et l'épanouissement de chacun.

C'est aujourd'hui la science qui peut fonder les pratiques religieuses, leur donner du sens, alors que les dogmes ne le peuvent plus, ils sont devenus obsolètes. Grâce à cette alliance de la science et des religions, et

Le bonheur peut-il remplacer Dieu ?

malgré toutes les explosions de violence et de haine qui sont des « états d'urgence planétaires », nous pouvons construire le paradis sur terre, grâce à la partie la plus évoluée de notre cerveau, celle qui contient la clé du bonheur.

Et de même que la science ne peut pas et ne doit pas s'opposer à la religion, nous ne devons pas opposer science et philosophie. La philosophie *est* une science, et même la première et donc la mère de toutes les autres. La philosophie est la première activité intellectuelle qui pousse à questionner, à essayer de comprendre, et qui représente ainsi la curiosité existentielle de l'homme. Il est vrai que la philosophie s'est parfois égarée dans un discours lyrique et abscons qui a rendu son abord terriblement rébarbatif, et qui a parfois laissé le champ trop libre aux camelots et aux charlatans.

Quant à la science, beaucoup y sont réfractaires, tant notre culture oppose, dans le système scolaire et universitaire, la science et la « philo ». Très tôt, le système scolaire nous impose de choisir : sciences *ou* lettres, ce qui est aberrant puisqu'il ne devrait pas y avoir de discipline plus rationnelle, plus rigoureuse, plus logique que la philosophie. Il devient paradoxalement « interdit » à un scientifique d'être philosophe alors même que la science n'a jamais autant réclamé de philosophie, de morale et d'éthique dans ses développements. Et réciproquement, la philosophie d'aujourd'hui est en manque de connaissances scientifiques, les parcours de formation étant diamétralement opposés. Si la philosophie semble parfois en panne ou en marge de la société, voire muette, c'est peut-être aussi du fait de cette rupture passagère.

C'est peut-être également du fait de cette séparation que la science donne parfois l'impression de se noyer dans la technologie ou dans le scientisme, et de manquer d'une vision à long terme.

Et pourtant, la science a toujours flirté avec la philosophie. Elles dansent ensemble depuis l'origine et sont aussi inséparables que peuvent l'être l'action et la réflexion, l'observation et la déduction, l'expérience et le projet, la méthode déductive et l'intuition. Aussi inséparables que les deux branches de l'A.D.N. qui s'embrassent comme des lianes dans un mouvement hélicoïdal qui pourrait bien représenter l'évolution de l'humanité. Dès que les deux branches sont séparées, elles n'ont de cesse que de se retrouver.

Aujourd'hui, la pensée philosophique est en retard sur les avancées scientifiques. On dirait que l'humanité est fatiguée de penser et qu'elle préfère foncer dans le brouillard. Mais demain, après cette période de jachère idéologique, nous allons retrouver le goût de la réflexion, de la manipulation inventive des idées, de la curiosité, et pour ainsi dire, retrouver l'espoir, retrouver le rêve, retrouver le sens de la vie. Nous allons nous trouver face à des défis fantastiques, incroyables, inimaginables, que l'homme a ardemment désirés et terriblement craints à la fois : la conquête de l'immortalité (c'est une question de décennies, même pas de siècles !), la conquête de l'espace avec son lot incontournable d'espoirs et de peurs, de problèmes et d'enjeux (c'est pour une ou deux décennies), et enfin la maîtrise chaque jour plus grande de la génétique (et ça, c'est pour tout de suite...).

La réflexion scientifique et philosophique ne sont rendues possibles que grâce au développement de l'économie, et elles débouchent sur des pratiques morales et religieuses. Nous pouvons donc là aussi voir trois formes d'activité complémentaires nécessaires au progrès de l'humanité (voir schéma) :

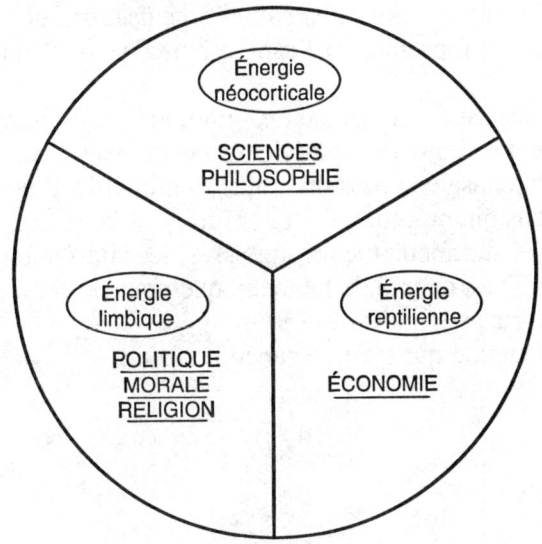

Les trois « moteurs » du progrès

— l'*économie*, c'est l'activité « reptilienne » de la société, celle qui pourvoit à ses besoins primaires, qui entretient les muscles, les organes, les sens de la société ;

— la *science et la philosophie*, c'est l'activité « néocorticale » de la société, avec son instinct de découverte et sa capacité réflexive maximale ; elles donnent du sens à l'économie et forment les matériaux de base de

— la *politique*, de la *religion* et de la *morale*, qui sont les bases « limbiques » de l'organisation humaine, c'est-à-dire l'ensemble des normes, des codes, des références qui permettent aux humains de vivre les uns avec les autres sans trop de problèmes, et qui leur permettent de tirer le meilleur de leurs capacités.

Ce sont ces trois niveaux d'organisation, ces trois moteurs, qui propulsent l'espèce humaine vers son destin.

Je ressens une immense gratitude, une immense estime, une immense complicité, une immense fraternité, une immense compassion, pour les milliards d'humains qui nous ont précédés, et qui ont forgé, à la force de leur énergie, surmontant leurs angoisses, leur misère et leurs souffrances, ce monde fabuleux que nous ne cessons de découvrir pour mieux le servir.

Un monde qui s'ouvre sur le bonheur.

Table

Introduction 7

I. Pour une définition scientifique du bonheur ... 13
    Le bonheur et les trois cerveaux 15
    Le malheur : agressivité, anxiété ou déprime . 25
    Comment le malheur vient aux humains ... 31

II. Le chemin du bonheur 42
    Apprendre à distinguer bonheur et plaisir .. 42
    La relation asymétrique entre plaisir
    et bonheur 48
    Attention aux émotions, ce sont des sirènes
    dangereuses 53
    Toutes les émotions sont-elles vraiment
    pathologiques ? 60
    Repérer les conditionnements pathogènes .. 72
    Braver les « interdits » du bonheur 88
    Retrouver la confiance en soi 99
    Apprendre à faire tomber l'urgence 105
    Faire place au silence 108
    Donner de l'espace au temps 114

Respecter, cultiver, aimer la *différence*
(la sienne et celle des autres) 118
Refuser catégoriquement tout sentiment
de culpabilité 122
Eviter la dramatisation 132
Apprivoiser sa peur de la mort 135
Mettre de l'art en toutes choses 139
L'enfer des mots 144

III. *Le bonheur et l'amour* 154

Les trois formes d'amour 154
Bonheur et sensualité 167
Le bonheur et la compassion 169
Le bonheur, la famille, les enfants et l'école . 178
La communication : de l'amour pour
produire du sens 185

IV. *Le bonheur, la politique, l'économie, l'écologie* . 194

La politique et l'école 194
La politique, le travail et le dimanche 200
Le bonheur et le travail 204
L'entreprise, le bonheur et l'argent 210
Le bonheur au service de la croissance
économique 214
Le bonheur et la politique retrouvée 216

V. *Le bonheur peut-il remplacer Dieu ?* 218

Dieu est mort, vive la religion ! 218
L'homme est-il bon ou mauvais ? 224
Religion, science ou philosophie ? 228

« *Espaces libres* »

50. *La Psychologie de la divination,* de M.-L. von Franz.
51. *La Synchronicité, l'âme et la science,* ouvrage collectif.
52. *Islam, l'autre visage,* d'Eva de Vitray-Meyerovitch.
53. *La Chronobiologie chinoise,* de Pierre Crépon et Gabriel Faubert.
54. *Sentences et proverbes de la sagesse chinoise,* choisis et adaptés par Bernard Ducourant.
55. *Vivre. Paroles pour une éthique du temps présent,* d'Albert Schweitzer.
56. *Jésus fils de l'homme,* de Khalil Gibran.
57. *Les Chemins du Zen,* de D. T. Suzuki.
58. *Le 3ᵉ Souffle ou l'agir universel,* de Jeanne Guesné.
59. *Le Testament de l'Ange. Les derniers jours de Gitta Mallasz,* de Bernard Montaud.
60. *Confiteor,* de Bernard Besret.
61. *Les Mythes de l'Amour,* de Denis de Rougemont.
62. *La Place de l'homme dans la nature,* du père Teilhard de Chardin, présenté par Jean Onimus.
63. *Communiquer pour vivre,* ouvrage collectif sous la direction de Jacques Salomé.
64. *Accroche ta vie à une étoile,* de Stan Rougier.
65. *Du bon usage des crises,* de Christiane Singer.
66. *Parole de terre. Une initiation africaine,* de Pierre Rabhi.
67. *J'attends Quelqu'un,* de Xavier Emmanuelli.
68. *Désert, déserts,* de Jean-Yves Leloup.
69. *Le Graal,* de Jean Markale.
70. *Ultimes Paroles,* de Krishnamurti.
71. *Moïse raconté par les Sages,* d'Edmond Fleg.
72. *Le Doigt et la Lune,* d'Alexandro Jodorowsky.
73. *Thé et Tao, l'art chinois du thé,* de John Blofeld.
74. *L'Égypte intérieure ou les dix plaies de l'âme,* d'A. de Souzenelle.
75. *L'Au-delà au fond de nous-mêmes. Initiation à la méditation,* d'A. et R. Goettmann.
76. *Le Soleil d'Allah brille sur l'Occident,* de S. Hunke.
77. *Le Livre des prénoms bibliques et hébraïques,* de M.-A. Ouaknin.
78. *Le Chant de l'Être,* de S. Wilfart.
79. *La Parole au cœur du corps,* entretiens avec J. Mouttapa, d'A. de Souzenelle.

80. *Henri Le Saux, le passeur entre deux rives,* de M.-M. Davy.
81. *La Petite Sainte Thérèse,* de M. Van der Meersch.
82. *Sectes, Églises et religions, éléments pour un discernement spirituel,* de J.-Y. Leloup.
83. *À l'écoute du cœur,* de Mgr Martini.
84. *L'Oiseau et sa symbolique,* de M.-M. Davy.
85. *Marcher, méditer,* de M. Jourdan et J. Vigne.
86. *Le Livre du sourire,* de C. de Bartillat.
87. *Le Couple intérieur,* ouvrage collectif sous la dir. de P. Salomon.
88. *Nous avons tant de choses à nous dire,* de R. Benzine et C. Delorme.
89. *Tous les matins de l'amour,* de J. Salomé.
90. *L'Orient intérieur,* ouvrage collectif sous la direction de M. de Smedt.
91. *Les Évangiles des quenouilles,* traduits et présentés par Jacques Lacarrière.
92. *Les Mémoires de l'oubli,* de J. Salomé et Sylvie Galland.
93. *Qu'est-ce qu'une religion ?,* d'O. Vallet.
94. *Science et croyances,* de A. Jacquard et J. Lacarrière.
95. *Nicolas Berdiaev, ou la révolution de l'Esprit,* de M.-M. Davy.
96. *Dernier avis avant la fin du monde,* de X. Emmanuelli.
97. *Jésus et Bouddha,* d'O. Vallet.
98. *D'un millénaire à l'autre. La grande mutation,* collectif dir. par F. L'Yvonnet.
99. *Un Juif nommé Jésus,* de M. Vidal.
100. *Le Cercle sacré. Mémoires d'un homme-médecine sioux,* d'A. Fire Lame Deer.
101. *Être à deux ou les traversées du couple,* collectif dir. par N. Calmé.
102. *La source du bonheur,* de C. Boiron.

*La reproduction de cet ouvrage
a été réalisée
par **Bussière Camedan Imprimeries**
à Saint-Amand-Montrond (Cher),
pour le compte des Éditions Albin Michel.*

Achevé d'imprimer en avril 2000.
N° d'édition : 19028. N° d'impression : 000871/1.
Dépôt légal : mai 2000.